COLLECTION LE FRANÇAIS RETROUVÉ

Dictons des bêtes, des plantes et des saisons

Jean-Marc Wathelet

Illustrations de Christian Quennehen

BELIN 8, rue Férou 75278 Paris cedex 06

Éditions Belin, 1985
ISBN 2-7011-**0619**-2

ISSN 0291-7521

Préface

Il fut un temps où les plus grands poètes ne craignaient pas de mettre leur génie au service de leurs compatriotes paysans. Hésiode, dans les *Travaux et les Jours*, Virgile, dans les *Géorgiques*, ont mis en vers tout un choix de conseils et d'observations utiles pour le laboureur et l'éleveur : quand semer, tailler, récolter ; quand mettre les bêtes au pâturage, et quand les rentrer ; comment prévoir la pluie, le froid, la sécheresse.

Quand les poètes ne daignèrent plus se consacrer à des sujets aussi « terre à terre », les paysans firent eux-mêmes la besogne, élaborant au fil des siècles un trésor de dictons qui décrivent les mouvements des bêtes et des plantes au rythme des caprices du ciel et des saisons.

Bien sûr le savoir-faire poétique ne s'inscrit plus au même niveau ; les rimes sont parfois approximatives, et les vers volontiers boiteux. Ne nous hâtons pas, toutefois, d'en faire le reproche à nos poètes rustiques : la plupart des dictons sont très anciens, et gardent le souvenir d'une époque où la poésie se contentait de simples assonances, sans exiger de véritables rimes. Beaucoup, en outre, étaient solides de rythme et de rime dans le dialecte qui les a vus naître. Seule l'adaptation en français commun leur donne, ici ou là, un aspect maladroit.

En revanche, le contenu de l'information a progressé depuis les poètes antiques : la matière est devenue beaucoup plus riche, et couvre à peu près tout l'éventail des plantes et des bêtes familières de nos contrées.

Certains dictons sont de simples constats : à telle date le blé germe, la vigne bourgeonne, les poules recommencent à pondre, etc. D'autres paraissent être l'expression du prétendu fatalisme paysan : hiver tiède, mauvaises récoltes ; trop d'eau en juin, peu de vin... Mais tous invitent le paysan à adapter son programme de travail ou ses choix de production à la tournure que prend l'année agricole. En fait, il n'est pas un dicton qui ne prétende apporter une information grâce à laquelle le paysan pourra soit augmenter ses profits, soit réduire ses pertes.

Ce rôle pratique est particulièrement évident dans les dictons prédictifs. Ici, deux ensembles apparaissent.

Certaines sentences informent directement le paysan sur le végétal ou l'animal dont il attend des ressources. Elles lui indiquent où, comment, et surtout quand procéder aux opérations essentielles.

Le second ensemble est celui des dictons dans lesquels la plante ou l'animal ne sont pas objets de soins, mais porteurs de signes permettant de prévoir les intempéries. Cette fois les plantes et animaux sauvages ont leur mot à dire, et les faiseurs de dictons font la preuve que leur regard est capable de dépasser les limites de la basse-cour ou des champs ensemencés.

Un vaste savoir s'est ainsi constitué. Il est depuis longtemps fixé et n'évolue plus. En effet, la production des dictons s'est tarie après le XVIIe siècle.

Savoir suranné, donc ? L'agriculteur qui loue sa moissonneuse pour une date précise, qu'il respecte quel que soit le temps, moissonnant même en pleine nuit s'il le faut, n'est-il pas tenté de dédaigner les préceptes traditionnels ? Ce serait une erreur de le croire. Le monde de la terre tient encore à ce trésor de sagesse. Au point que, s'il ne se crée plus de dictons rimés, les dits relatifs au temps ne cessent de fleurir et de s'entrecroiser. Ils figurent dans ce livre au côté des dictons proprement dits.

Ce recueil ne s'adresse évidemment pas à ceux-là seuls qui ont une vigne à entretenir ou un cochon à engraisser. Devant la possibilité offerte de prévoir l'état du ciel et la température de l'air, personne, si l'on peut dire, ne reste de glace. Mais là, bien sûr, une question se pose. Ces dictons traditionnels sont-ils fiables ? On n'aura pas de mal à remarquer qu'il leur arrive de se contredire allègrement, et l'on découvrira que certains d'entre eux n'hésitent pas à se moquer des naïfs qui leur accordent une confiance trop absolue. Cette preuve d'humour, donc de bon sens, devrait nous rassurer. Nos ancêtres, qui n'ont pas toujours su échapper aux illusions, et qui se sont parfois un peu hâtés d'associer des faits dépourvus de relation, ont compensé ces faiblesses par la patience de leurs observations indéfiniment répétées. Les animaux, c'est un fait admis de tous, possèdent les moyens de percevoir, dans leur environnement, des phénomènes qui échappent à nos sens. Quant aux plantes, incapables de se soustraire aux intempéries, elles y réagissent de façon tout à fait perceptible.

Autrement dit, ce livre ne devrait pas intéresser que les amateurs de poésie rustique. Il est fait pour réjouir les amoureux de la nature et pour instruire tous ceux qui rêvent de découvrir — modestement — quelques-uns de ses secrets.

La documentation nécessaire a été recueillie dans divers recueils de dictons, parmi lesquels on citera tout particulièrement *Vieux Dictons de nos campagnes* (G. Bidault de l'Isle), Paris 1952. Les données météorologiques et agronomiques ont été fournies par plusieurs recueils d'observations et de statistiques, ainsi que par différentes études, dont *Les dictons météorologiques et la prévision des récoltes : mythe ou réalité ?* (R. Oger et R. Delahaye), Revue de l'Agriculture n° 35, Bruxelles 1982 ; *Meteorological observations in animal experiments* (C. V. Smith), Publications de l'O.M.M., Technical Note n° 107, Genève 1970 ; *Les bases de la production agricole* (D. Soltner), éd. Sciences et Techniques Agricoles, Angers.

Les documents les plus anciens sont les *Géorgiques* de Virgile (27 av. J.-C.) ainsi que plusieurs textes du Moyen Âge ou de la Renaissance : l'anonyme *Évangile des Quenouilles* (milieu du XVe siècle), le *Vray Régime des Bergers et Bergères* de Jehan de Brie (1512), les *Éphémérides Perpétuelles de l'Air* d'Antoine Mizauld (1554), à quoi l'on peut ajouter un ouvrage du XVIIe siècle, la *Pronostication des Laboureurs* de Marc-Antoine Maginus (1665).

Enfin, nombre d'informations ont été recueillies par la consultation directe des agriculteurs et villageois de diverses régions, qui restent les dépositaires de précieuses traditions orales.

Hello, le soleil brille, brille brille ...

Les animaux

De nombreuses observations valent pour tous les animaux. Un grand nombre de dictons concernent l'influence du climat sur les bêtes ou l'époque de leurs accouplements, la fin de l'hibernation, le changement de fourrure, etc.

Au mois de février,
Chaque bête cherche son pareil.

Entre Noël et la Chandeleur,
(ou : *A la Chandeleur,*)
Toutes les bêtes sont en horreur.

Cette remarque n'évoque pas la crainte qu'inspire le froid aux animaux, mais l'aspect que prennent les bêtes à fourrure lorsque vient la mauvaise saison : leur poil est hérissé ; le latin *horror* signifiait d'abord « aspect hérissé », notamment en parlant du poil et du phénomène dit « chair de poule ». C'est d'ailleurs aussi le moment où les fermiers tondent le sommet du dos et du cou des bovins, afin de mieux lutter contre divers parasites.

Au mois d'avril,
Les bêtent changent d'habit.

Au mois d'abriol,
Toute bête change de piol
(Vivarais)

C'est-à-dire :

> *En avril,*
> *Chaque bête change de peau.*
>
> *Avril plaît aux hommes,*
> *Mai plaît aux bêtes.*

La même formule existe ailleurs, sous la forme *pleut aux*... La pluie d'avril est effectivement tout à fait propice aux cultures céréalières, qui donnent le pain aux hommes. La pluie de mai permet plutôt la pousse de l'herbe, ce qui n'est pas pour déplaire aux animaux.

> *A Saint-Frédéric, tout est vert, tout est nids ;*
> *Plantes, bêtes et gens, tout sourit.*
>
> (Picardie)

La Saint-Frédéric se fêtait alors le 27 avril, époque à laquelle la verdure a effectivement fait son apparition, même dans le Nord.

Deux dictons au moins, dont l'aspect superstitieux n'est peut-être que superficiel, parlent de l'influence de l'orage sur les animaux.

S'il tonne souvent en juin,
Belle récolte assurée,
Mais sur les bêtes à quatre pieds,
Grande mortalité.

(Vosges)

Les orages fréquents en juin assureront de belles récoltes de paille et de grain, car les moissons peuvent se faire même lorsque le temps est chagrin. Par contre, les fenaisons en seront retardées, ou seront complètement gâchées par les averses, ce qui ne permettra pas de constituer les réserves de foin pour l'hiver. Si les animaux ne meurent plus de faim, ils peuvent tomber sous le couteau du boucher lorsqu'on ne peut leur fournir assez de nourriture.

Le tonnerre en décembre
Annonce pour l'an qui vient
Aux bêtes et aux gens
Abondance de biens.

Si l'orage se fait entendre en décembre, il est alors souvent associé à une invasion d'air maritime, qui amène un temps relativement doux pour la saison. Les avis sont très partagés sur l'influence du temps doux à cette époque de l'année, mais la plupart des spécialistes admettent que des gelées précoces endurcissent les plantules et leur permettent d'aborder l'hiver avec plus de chances. Ce dicton exprime donc un point de vue minoritaire. Généralement, c'est le froid en décembre qui est proclamé bénéfique.

Les animaux sont observés attentivement dans le but de prédire le temps. Ainsi que nous le mentionnons en introduction de cet ouvrage, cette pratique est fort ancienne. C'est ainsi que Virgile écrivait déjà :

Non que pour moi ils tiennent des dieux une intelligence ou du destin une prévoyance supérieure, mais dès que la température et la mobile humidité du ciel ont changé de direction, que Jupiter (l'air), *mouillé par les vents d'ouest, condense ce qui était naguère léger et relâche ce qui était dense, les dispositions des âmes se modifient et les cœurs éprouvent des émotions différentes de celles d'antan, quand le vent poussait les nuées : de là ce concert des oiseaux dans les champs, l'allégresse du bétail, les cris de joie qui sortent du gosier des corbeaux.*

Bien que les émotions des animaux ne soient pas toujours à prendre en compte dans ce comportement, il est certain que leurs réactions peuvent parfois nous indiquer une modification atmosphérique significative. En mainte région, on prévoit la pluie quand les animaux recherchent les endroits abrités alors qu'aucune goutte ne s'est encore montrée. L'orage menace lorsqu'ils paraissent inquiets. C'est un cataclysme ou l'arrivée des grands froids qui sont annoncés si les animaux domestiques se réfugient dans les maisons ou s'y cachent, ou si les animaux sauvages habituellement farouches se réunissent autour des villages ou des maisons isolées.

Il est de fait que, dans un certain nombre de pays, et notamment en Chine, l'observation du comportement des animaux sert maintenant à prévoir des catastrophes naturelles, tels que les séismes. Les formes de vie sur terre restent donc un sujet d'étude passionnant et encore vierge dans certains domaines.

Mammifères sauvages

Loup

« Lorsque le loup solitaire hurle horriblement en s'approchant de la cabane du berger, la pluie est prochaine avant trois jours. »

Il s'agit de la seule prévision météorologique que nous fournisse le loup. Il est vrai qu'elle ne nous sera plus d'un très grand usage.

Plusieurs dictons citent le loup. A cause de la rareté du gibier en hiver, on pouvait dire :

Le loup ne mange pas l'hiver.

Le temps doux qui accompagne l'orage hivernal ne semble pas lui avoir été propice, si l'on en croit le dicton suivant, que l'on a peut-être trop tôt fait de taxer de superstition :

Quand il tonne en janvier,
Ça fait le cimetière bosser
Et les louves avorter.
(Ille-et-Vilaine)

C'est ensuite à la Chandeleur, le 2 février, que l'on retrouve le loup parmi le panthéon des animaux de la mythologie celtique : l'ours, le blaireau, la loutre etc. (voir ces noms).

Si le loup met sa patte au soleil le jour de la Chandeleur, il y a quarante jours d'hiver.

Quand le loup sèche sa paille, il fera beau pendant quarante jours.

Ces périodes de quarante jours, si fréquentes dans les dictons météorologiques, ne sont jamais confirmées par les études statistiques.

Ours

Il fut un temps lointain où l'ours peuplait nos régions. Il est maintenant confiné, en Europe, à la Scandinavie, aux Pyrénées, aux Carpathes et aux Alpes. Nous en trouvons cependant des vestiges ailleurs que sur les peintures rupestres. En effet, les dictons nous rappellent sa présence d'antan, essentiellement à l'occasion de la fête de la Chandeleur, le 2 février. Au moins vingt-deux dictons et variantes nous sont parvenus sur ce thème. Nous en rappellerons quelques-uns :

Le jour de la Chandeleur,
L'ours rit ou pleure.
(Roussillon)

Selon les anciens on dit :
Si le soleil clair luit
A la Chandeleur vous croirez
Qu'encore hiver vous aurez.
Pourtant (= en conséquence) *gardez bien votre foin*
Car il vous sera de besoin ;
En cette règle se gouverne
L'ours qui retourne en sa caverne.
(Pronostication des Laboureurs)

Si fait beau et luit Chandelour,
Six semaines se cache l'ours.
(Bourgogne)

A la Chandeleur, s'il pleut ou nivole,
Après quarante jours l'hiver s'envole.
Si au contraire il fait beau temps,
L'ours entre dans sa tanière, mécontent.

« Si le soleil paraît, l'ours sort de sa tanière, fait deux ou trois sauts et y rentre s'il fait beau et clair pour y rester encore quarante jours. Mais s'il fait vilain, il pense que l'hiver est fini. » (Grenoble)

Au milieu de multiples contradictions parfois présentes dans un même dicton, l'ours sert seulement à illustrer une prévision liée au calendrier. L'opinion la plus fréquente est qu'un temps ensoleillé le 2 février présage un retour du froid pour six semaines.

Renard

Plusieurs dictons comparent les méfaits des intempéries aux dégâts occasionnés par le renard au poulailler. Celui-ci met l'accent sur les dangers d'un février trop doux :

Il vaut mieux un renard au poulailler
Qu'un homme en chemise en février.

Les attaques du renard se déroulent en hiver, quand sa nourriture habituelle se fait rare dans le bois :

A la Saint-Nicaise, (14 décembre)
Le renard est souvent Blaise.
(Picardie)

Par contre, dès que reparaissent au bois les souris, campagnols, muscardins et ses autres proies coutumières, notre goupil ne se risque plus au voisinage des habitations :

Jeunes ou vieux renards
Ne quittent plus le bois à Saint-Bernard. (20 mai)
(Picardie)

On retrouve dans certaines régions du nord de la France et de la Belgique une coutume qui rappelle irrésistiblement les haruspices romains. En automne, le chasseur examine la rate d'un renard (certains fermiers procèdent de la même manière avec la rate d'un porc). Si la rate entière est assez grosse, on prévoit un hiver rigoureux. Si elle présente une grosseur au centre, l'hiver sera froid pendant environ un mois, vers la fin janvier ou la Chandeleur (2 février). Enfin, si cette rate n'est grosse qu'aux extrémités, une accalmie surviendra au milieu de l'hiver. La durée de cette accalmie se mesure d'après la dimension relative du rétrécissement de l'organe. Cette tradition est devenue assez rare de nos jours.

Sanglier

Cet hôte de nombreuses forêts européennes ne nous livre qu'une seule prévision météorologique, entendue dans les Ardennes : « Il va neiger si les sangliers creusent des galeries souterraines dans les bois. »

Campagnol

La pluie est annoncée lorsque les campagnols courent hors de leurs galeries. On pense généralement qu'ils craignent de périr noyés dans l'inondation qu'entraînerait une pluie violente.

Hamster

Cet animal ne vit pas à l'état sauvage dans l'ouest de l'Europe. En revanche, il est assez répandu en Allemagne. C'est là qu'on a constaté, à diverses reprises, que les hamsters se mettaient subitement à émigrer en très grand nombre, d'est en ouest, alors que leurs provisions étaient encore importantes. Peu après survenait, paraît-il, un cataclysme, tel qu'un tremblement de terre ou un ouragan.

Mulot

On dit que les mulots sortent de leurs galeries lorsqu'il doit pleuvoir, comme les campagnols et pour les mêmes raisons : voir ci-dessus.

Souris

Le comportement de la souris des champs est observé pour prédire la tournure de l'hiver prochain :

Les souris qui creusent trop bas,
Les fourmis qui bâtissent trop haut,
Présagent un hiver peu chaud.
(Ardenne)

On dit aussi en Hesbaye que l'hiver sera très neigeux « si les souris font leur nid dans le lin », et qu'il sera rude « si les souris des champs font leurs nids sur les buttes ».

Il est douteux qu'une prévision à aussi longue échéance puisse être infaillible, mais sait-on jamais...

Rat

Les rats ont été la hantise de maints fermiers du temps jadis. Ils le sont encore dans certains pays où, par surcroît, la religion empêche de les tuer.

Vestiges de ce temps pas si lointain, deux dictons évoquent les assauts du rat sur les céréales, et un autre sur la vigne :

Au laboureur nonchalant,
Les rats rongent le blé, et ahan !

Au paresseux laboureur,
Les rats mangent le meilleur.

Pour que les rats ne mangent pas le raisin,
Il faut tailler la treille (ou *la vigne) le Vendredi-Saint.*

Divers pronostics circulent à propos du rat. Le premier est d'Antoine Mizauld et date du XVIe siècle :

Rats et sorıs, oultre coustume, haultement sifflants, et par petits troppeaux hors de leurs creux et cachettes sautelants ; en oultre de pailles brisées, ou semblables choses, petites couchettes se préparant : ont à nos ancestres témoignages de pluye souvent annoncé.

On dit aussi que les rats « frétillent » plus que de coutume avant le mauvais temps. C'est ce qu'établit ce dernier dicton :

Si les souris s'agitent et les rats,
La pluie viendra.

Lièvre

Avoine pointant,
Lièvre gîtant.

Il s'agit de l'avoine de printemps, qui pointe au début de la saison, à l'époque où le lièvre se constitue une famille.

Le lièvre est l'acteur principal de deux prévisions du temps. L'une, à brève échéance, annonce la pluie « s'il rentre tard au bois le matin ». L'autre, à long terme, et donc nettement moins fiable, prévoit un hiver rigoureux « si le lièvre a la fourrure très fournie » ou « s'il est très gros ».

Lapin

Le lapin sauvage permet quelques rares pronostics météorologiques. En Australie, on a constaté qu'il freinait spontanément sa reproduction avant une longue période de sécheresse, comme s'il comprenait instinctivement qu'il n'y aurait bientôt plus suffisamment à manger pour tous. Cet exemple est un argument aux mains de ceux qui plaident pour les prévisions à longue échéance fondées sur l'observation des animaux.
En Ardenne, on attend l'arrivée de la pluie « si les lapins sauvages se montrent sur les routes ». On dit aussi qu'il fera mauvais « si les lapins sauvages se réunissent pour manger ».
Voir aussi le lapin domestique, p. 132.

Belette

Les spéculations vont bon train à propos du moment où la belette change sa robe.

« Si la belette est grise le jour de la Chandeleur, signe de froid. Si elle est blanche, signe de neige. Si elle est rousse, signe de beau temps. » (Vosges)

A la Saint-Lothain, si la belette est blanche,
Emplis deux fois ta remise de branches.
(Bourgogne)

Pour mémoire, la Chandeleur se fête le 2 février et la Saint-Lothain, le 1er novembre.

En Lozère, on dit aussi :
« Voir des belettes jaunes : signe de mauvais temps. »

Ces observations se basent sur le principe que l'animal adapte sa fourrure aux rigueurs de l'hiver à venir, afin de s'en protéger plus sûrement. Il semblerait toutefois que l'adaptation se fasse en fonction des événements vécus, et non de ceux à venir. Comme bien souvent, le dicton constate sagement une réaction de l'animal au temps qu'il fait déjà.

Dans le Dauphiné, on assure que « la belette qui traverse le chemin annonce la pluie ».

Nous pourrions plutôt reprendre la boutade habituellement appliquée à la poule : si elle traverse le chemin, c'est probablement pour se rendre de l'autre côté !

Blaireau

L'habitude qu'a le blaireau d'hiberner lui a valu d'hériter d'un dicton également attribué à l'ours. Il concerne la Chandeleur, le 2 février :
« Quand à la Chandeleur, le blaireau sort de sa tanière et voit son ombre, il rentre pour six semaines. »

Ce dicton illustre la croyance selon laquelle un temps ensoleillé le 2 février annonce une recrudescence du froid.

Loutre

La loutre accompagne le loup, le blaireau et l'ours dans les personnages traditionnels liés à la Chandeleur. On dit dans l'Orléanais :
« Si la loutre voit son ombre le jour de la Chandeleur, elle rentre dans son trou pour quarante jours. »

Écureuil

Si l'écureuil accumule des réserves impressionnantes en automne, les paysans prévoient un hiver neigeux.

Taupe

Cet animal fouisseur, maudit des jardiniers et amateurs de gazon anglais, est pourtant bien utile. Il remonte à la surface une terre arable et aérée, tout en la débarrassant des larves et insectes souterrains.
L'un des travaux d'automne du fermier consiste à égaliser les taupinières, ce que nous rappelle le dicton belge :

A la Sainte-Justine, c'est l'affaire (26 septembre)
Pour égaliser les taupinières.

L'activité de la taupe fait l'objet de plusieurs interprétations.

« Il fera beau si elle sort de sa taupinière. »

Par contre, il pleuvra ou fera mauvais lorsque :
« les taupes se promènent à la surface du sol ;
— elles poussent de la terre fraîche hors de leur galerie ;
— elles exhaussent leurs monticules. »

En réalité, la taupe suit généralement le trajet des insectes qui font son régal ; ces derniers remontent vers la surface quand l'humidité de l'air est importante.

Un dernier pronostic veut que, lorsque les taupes poussent leurs galeries, le dégel ne soit pas loin. On dit ainsi en Belgique :

Quand l' fwan boute,
L'ivièr est oute.

C'est-à-dire : « Quand la taupe creuse, l'hiver est parti. » Ceci s'explique par le fait que la taupe ne peut pas travailler aisément une terre gelée.

Marmotte

Tous les animaux qui adoptent un comportement particulier à l'approche de l'hiver fournissent l'occasion de prédire la tournure que prendra cette saison. La marmotte ne fait pas exception. On dit en effet que l'hiver sera précoce si elle s'enfouit sous terre pour hiberner avant la mi-octobre. Elle agirait ainsi de peur de ne pas pouvoir creuser le sol gelé.

Chauve-souris

Ces mammifères ailés permettent, dit-on, de prévoir le mauvais temps ; il est annoncé lorsque :
« les chauves-souris sortent avant la nuit ;
— elles volent en petit nombre, entrent dans les maisons et y crient » (Provence).

C'est le beau temps qui est annoncé si
« elles volettent en vols épais et longtemps (Provence) ;
— elles sont nombreuses et volettent en silence (Namur) ;
— elles volent tard après le crépuscule ;
— elles volent plus que d'habitude » (Hesbaye et Condroz).

Un dicton sera utile pour nous rappeler ce principe :

Chauves-souris volant en grand nombre
Annoncent le beau temps dans la nuit sombre.

Oiseaux

Les dictons et les prévisions du temps basés sur l'observation du comportement des oiseaux semblent de loin les plus nombreux. Dans le palmarès des animaux météo, l'hirondelle précède la grenouille de plusieurs têtes. Si la plupart de ces pronostics citent nommément l'espèce d'oiseau concernée, d'autres restent plus vagues ; ce sont ces derniers que nous examinerons d'abord.

Plusieurs dictons évoquent les étapes du cycle de vie de l'oiseau : naissance, envol, chant, accouplement, nidification, etc. Ainsi disait-on :

Pour la Saint-Jeuso, (Joseph, 19 mars)
On marie les oiseaux.
Pour la Saint-Béni, (Benoît, 21 mars)
On cherche les nids.

Ces nids seront partout présents en avril :

En avril, tout oiseau fait son nid,
Excepté la caille et la perdrix.

Etant donné que le Vendredi-Saint tombe en fin mars ou en avril, les gelées de cette fête mobile peuvent compromettre quelque peu les couvées en cours, mais non celles à venir, comme le laisse entendre ce dicton aux allures superstitieuses :
« S'il gèle le Vendredi-Saint, il gèlera chaque mois, et les couvées d'oiseaux ne réussiront pas dans l'année. » (Vosges)

Enfin, en automne, il faudra tenir compte de l'appétit des oiseaux au moment des semailles. Plusieurs espèces trouvent fort à leur goût les graines de tout genre.
« Le blé sera semé le jour de Saint-Firmin (25 septembre) si l'on veut éviter que les oiseaux le mangent. »

En matière de prévision du temps, nos ancêtres ont appris très tôt à établir la distinction entre les divers groupes d'oiseaux : passereaux, oiseaux de mer, de nuit, etc. Virgile fait encore figure de pionnier dans ces observations :

On voit divers oiseaux de mer, et ceux des étangs, répandre à l'envi sur leurs épaules de larges filets d'eau et tantôt présenter leur tête aux vagues, tantôt courir sur les ondes et brûler vainement du désir de s'y baigner avant la pluie.

Le même auteur interprétait le chant des oiseaux comme l'expression d'émotions comparables à la joie (voir p. 9). Ce point de vue prévaut toujours dans l'esprit de la plupart de nos contemporains. C'est pourquoi on annonce le beau temps lorsque
« les oiseaux ramagent de grand matin ;
— ils chantent beaucoup ;
— ils s'envoient des appels joyeux d'un arbre à l'autre ;
— ils se perchent bien en vue à la crête des arbres ».

Par contre, il paraît qu'il pleuvra ou fera mauvais si
« les oiseaux se réfugient dans les haies ;
— ceux qui volent habituellement en bandes volent maintenant chacun de son côté ;
— ils se lissent les plumes ;
— les oiseaux de nuit sortent avant la tombée de la nuit ».

Il y aura de l'orage si « par très beau temps, le bois rempli de chants d'oiseaux devient soudain silencieux ».

Les oiseaux sont aussi censés prévoir la tournure que prendront les saisons. Les meilleurs pronostics à cet égard proviennent, dit-on, du phénomène des migrations (voir p. 62). On dit aussi que :
« l'été sera beau si les nids sont hauts sur les arbres, et pluvieux s'ils sont bas ;
— l'hiver sera froid si les petits oiseaux se groupent en bandes ».

On le voit, le langage des oiseaux ne se limite pas à ces chants qui nous charment — s'il faut en croire les traditions.

Alcyon

Il s'agit d'un animal fabuleux de la mythologie grecque. Il trouve néanmoins sa place dans ce contexte, car plusieurs dictons le citent encore, en l'identifiant à divers oiseaux de mer. Selon la légende, l'alcyon était une jeune femme victime d'une punition des dieux, qui l'avaient transformée en oiseau de mer et lui avaient interdit de jamais se poser à terre. Mais comment faire pour nicher et couver sur l'eau ? Le moment venu, l'oiseau implora les dieux d'apaiser les flots pendant le temps nécessaire. Cette grâce lui fut accordée, renouvelable chaque année. Les Grecs expliquaient ainsi la période de calme observable dans la mer Égée aux alentours du solstice d'hiver ; c'étaient les « jours alcyoniens ».

Selon les temps et les régions, l'alcyon a été identifié à divers oiseaux aquatiques : pétrel, goéland, et même martin-pêcheur. On peut citer divers dictons le concernant. Virgile nous fournit le premier d'entre eux.

Les alcyons, chers à Thétis, ne déploient pas leurs plumes, sur le rivage, à la tiédeur du soleil : signe de soleil et d'éclaircies.

Alcyon rasant ton sillage,
Veille à ton arrimage,
Tu auras roulis et tangage.

Alcyons nommés puants
Dans leurs ailes ont le mauvais temps.

Rapace

Dans le Bourbonnais, on appelle *meneux de rangs* les divers rapaces qui, par groupes de quatre ou cinq, prennent plaisir à planer devant l'orage et semblent le précéder ou le guider.

Aigle

Virgile, dans ses *Géorgiques,* faisait déjà mention de ce rapace comme d'un « animal baromètre » :

Nisus poursuit Scylla à grand bruit dans les airs : signe de soleil et d'éclaircies.

Dans cet extrait, Nisus représente l'aigle, et Scylla, l'aigrette. Il est douteux que cette attitude des deux rivaux soit un indice sûr du temps.

En Provence, un dicton circule, qui nous éclaire plutôt sur l'époque habituelle du retour de l'aigle dans cette région.

Quand l'aigle est arrivé,
Ne crains plus la gelée.

Épervier

A Huy, en Belgique, la pluie survient, dit-on, « lorsqu'on a entendu l'épervier craqueter bruyamment ».

Milan

Nous ne possédons aucun dicton à propos de ce rapace, mais plusieurs pronostics basés sur son observation. Ainsi Jehan de Brie faisait déjà remarquer :

Quand il crie plus bassement et mollement en faisant : hui ! hui ! hui ! il annonce la pluie.

On dit aussi en Ardenne qu'il fera beau s'il vole en huyant, mais que nous aurons de l'orage si les milans se réunissent en grand nombre et volent en altitude, en tournant sans cesse.

Faucon

Bien que ce rapace soit relativement fréquent dans nos régions, la seule mention que l'on en trouve se rapporte à son emploi dans la chasse, qui commençait vers la fin juin. On disait :

A la Saint-Jean, (24 juin)
L'oiseau au gant.

A la grande Saint-Jean,
ou *L'oiseau sur le gant.*

Le « gant » est le gantelet qui protège le poignet du fauconnier, que l'oiseau entoure de ses serres tranchantes.

Chat-huant

Deux dictons citent ce rapace. Le premier évoque ses mœurs nocturnes :

A midy estoile ne luist,
Cahuant ne sort du nid.
(XVIe siècle)

Un second, originaire de Haute-Bretagne, se dit en français :

Le chat-huant annonce le froid.

Il est probable que l'oiseau se manifeste surtout quand les conditions sont propices pour la chasse, c'est-à-dire lorsque le ciel est dégagé. Dans ce cas, le refroidissement nocturne par rayonnement est souvent important.

Chouette

La chouette fait l'objet de spéculations météorologiques depuis des millénaires. Virgile nous transmettait déjà cette remarque :

Observant de la cime d'un arbre le coucher du soleil, la chouette se travaille vainement à chanter dans le soir : signe de soleil et d'éclaircies.

Vers 1554, Antoine Mizauld faisait remarquer que

Les chouettes qui désordonnément crient environ le vespre ou le matin annoncent pluie ou tempête.

En résumé, nous aurons du beau temps si :
« les chouettes chantent le soir (Bretagne) ;
— elles font entendre leur gémissement au crépuscule (Bretagne) ;
— elles chantent à l'ouest ;
— elles miaulent avec le mauvais temps (Provence) ;
— elles font entendre une voix basse et tranquille, surtout à la fin du jour ;
— la chouette hulule perchée au faîte des peupliers ou dans les pignons » (Belgique).

L'une de ces remarques se formule parfois en dicton :

Quand la chouette miaule au soir,
Du beau temps on a espoir.

Il faut s'attendre à de la pluie lorsque :
« la chouette hulule le soir au coucher du soleil (Languedoc) ;

— elle chante « d'en bas » (Ardèche) ;
— elle hulule beaucoup » (Belgique).

Cette pluie sera de longue durée « si la chouette hulule pendant le mauvais temps ou la pluie » (Belgique).

C'est le vent qui se prépare quand la chouette « chante d'en haut » (Ardèche).

En hiver, les habitants du Condroz, en Belgique, annoncent la grêle ou le grésil quand ils l'entendent hululer.

On le constate, les contradictions abondent lorsqu'il s'agit d'interpréter le comportement de notre amie nocturne. Il est d'ailleurs tout à fait possible que ni les uns ni les autres ne tirent les bonnes conclusions, la chouette ne se fixant pas pour seule raison d'être le rôle de baromètre.

Hibou

Il paraît que le hululement du hibou en dit long sur le temps à venir. Ainsi, beaucoup disent qu'il fera beau « s'il hulule le soir » ou « sur les hauteurs » ou « après le coucher du soleil » ou encore « pendant la nuit ».

Par contre, il pleuvra ou fera mauvais « si le hibou répète fréquemment *houette, houette !* » (Namur), ou « s'il *bouboule* d'une façon plaintive » (Hesbaye).

On annonce la pluie ou la tempête si le hibou sort avant la nuit. Enfin la grêle ou le grésil sont attendus si c'est en hiver qu'il crie « *houette* » (Ardenne).

Vers 1950, le météorologue français Madrelle exposait ses observations personnelles sur le comportement du hibou moyen-duc : il jette des cris de détresse quand le temps devient plus froid et plus sec, et que le vent tourne au nord-est.

En réalité, les cris des oiseaux et des autres animaux ont souvent un sens plus prosaïque : la chasse, la parade nuptiale, la faim, la peur et quantité d'émotions et de besoins physiologiques les motivent. Néanmoins, ces mêmes activités et sensations sont parfois tellement conditionnées par les circonstances climatiques que l'on ne peut s'empêcher d'y voir une relation indirecte. Peut-être les observations notées à propos du hibou trouvent-elles ainsi une certaine justification.

Huard

Un seul dicton évoque la faculté qu'aurait le huard de prévoir le temps.

Cri du huard donne l'alarme
De mauvais temps comme gendarme.

ou *De grand vent et grosses larmes.*

Voir à ce propos le commentaire donné sur le cri du hibou (p. 26).

Bergeronnette

Un seul dicton nous est rapporté :

Si les bergeronnettes
Trottent sur les ruisseaux,
Ferme ta maisonnette,
Il va pleuvoir à seaux.

Les deux espèces de bergeronnettes connues dans nos régions, la bergeronnette printanière et celle des ruisseaux, aiment beaucoup se promener sur les cours d'eau peu profonds. Elles le font avant la pluie, certes, mais tout aussi bien avant le beau temps.

Coucou

Grâce aux dictons et à la tradition orale, le coucou nous livre tous ses secrets. Ou presque, car ses mœurs ne cessent d'intriguer les ornithologues. Son chant typique et son mode de vie en ont fait une figure privilégiée du langage paysan. Les dates de son départ en migration et de son retour au pays se retrouvent dans maints dictons ; ceux-ci permettent même de suivre sa progression vers le nord et les montagnes. Il est déjà annoncé en mars dans le Bourbonnais et le Berry, où l'on dit :

Entre mars et avril,
On sait si le coucou est mort ou en vie.

En Suisse romande, on prétend l'avoir entendu vers le 21 mars :

A Saint-Benoît,
Le coucou chante, il en a droit,
Ou bien il est mort de froid.

Pour Saint-Benoît,
Le coucou chante aux bons endroits.
Si pour Notre-Dame il n'a pas chanté, (25 mars)
Il est tué ou bâillonné.

Ailleurs, on en parle aussi le 25 mars :

A la Marchesse, (= à l'Annonciation)
Coucou est mort s'il ne prêche.

Si l'on remonte en Picardie et en Belgique, il faudra attendre le mois d'avril. Les dictons suivants sont indiqués en progressant du sud vers le nord :

Il n'est jamais avril
Si le coucou ne l'a dit.

A la Saint-Mathias, (24 février)
Le corbeau s'en va.
Six semaines passera
Et le coucou reviendra.

A la Saint-Mathias,
Corbeau tu t'en vas.
Coucou ramèneras,
Dans sept semaines l'entendras.

Le trois d'avril,
Le coucou le dit.

Le huit d'avril,
Le coucou le dit.

La Semaine Sainte, le coucou chante.
Le 10 avril, il chante mort ou vif.

En quelque région qu'il se fasse entendre, c'est toujours au début du printemps, saison des giboulées, qu'il se manifeste de nouveau. C'est pourquoi l'on dit :

Un jour est mouillé l'autre sec
Quand le coucou ouvre son bec.

Quand le coucou vient,
Le matin mou, le soir tout sec.

Au temps où chante le coucou,
Le soir sec, le matin mou.

Le coucou
Ramène le temps doux.

Dans certaines régions méridionales, où le coucou arrive parfois début mars, il arrive que l'hiver se montre plus opiniâtre que notre oiseau ne le prévoyait.

C'est ainsi que l'on dit dans le Roussillon :

Il faut toujours s'attendre à la neige du coucou.

La date de son retour fait donc l'objet de bien des spéculations. S'il arrive avant l'apparition des feuilles, le temps de la moisson peut en être déduit, de façons parfois opposées suivant les régions. On dit en Belgique :
« Le coucou avant les feuilles annonce beaucoup de paille mais peu de grain. »
Mais on répète ailleurs :

Quand le coucou arrive déshabillé (= quand les arbres
Peu de paille, beaucoup de blé. sont nus)

Il paraît aussi que le premier chant du coucou annonce le temps froid. Par contre, la fréquence de son chant est hautement appréciée, car :

Autant de fois chante le coucou,
Autant de francs vaut le froment.

Si au printemps, après son arrivée, il cesse de se faire entendre, on dit en Belgique que c'est un signe de froid. Le coucou annoncerait également les averses en émettant une note aiguë au moment de s'envoler.

Plusieurs dictons consacrent ses capacités de météorologue ; la plupart exigent d'observer dans quelle direction il chante :

Quand le coucou chante au nord, pluie au lendemain.
S'il chante à midi, beau temps.

(Provence)

Si le coucou chante à l'ubac, pluie le lendemain.
Si le coucou chante à l'adret, signe de beau temps.

(Vivarais)

C'est ensuite le départ du coucou qui retient l'attention. Dans la plupart des régions, il nous quitte en juillet ; mais dans le nord, son chant cesse de se faire entendre dans la troisième décade de juin, un peu plus tard en montagne. A ce moment, la majorité des céréales ont formé leur épi, même dans les régions les plus septentrionales, si bien qu'on entend encore dire :

Une fois que l'avoine est épiée, (= montée en épis)
On n'entend plus le coucou chanter.

La barbe d'orge
Coupe au coucou la gorge.

Le 24 juin, les Picards disent :

A la Saint-Jean,
Le coucou perd son chant.

Si le coucou reste un peu plus tard, c'est qu'un temps très favorable le retient, si bien que

Quand le coucou sur la Saint-Jean avance,
C'est signe de grande abondance.

En Belgique, on l'entend parfois encore le 8 juillet :

A la Saint-Edgard on entend
Du coucou le dernier chant.

Le dicton suivant semble avoir été transporté d'une fête à une autre :

Au 15 août, le coucou perd son chant ;
C'est la caille qui le reprend.

En effet, le 15 août, le coucou est parti depuis bien longtemps. Par contre, la caille est bien présente : voir p. 48.

Si la valeur des prédictions sur le temps reste à démontrer, il ressort de ces multiples observations que nos ancêtres savaient prendre le temps de regarder autour d'eux, et même d' « espionner » patiemment la nature. En effet, le coucou est un oiseau particulièrement difficile à approcher. Il en est d'autant plus passionnant, comme en témoignent les nombreux ouvrages parus à son sujet.

Étourneau

L'étourneau — ou sansonnet — est présent toute l'année dans nos régions, mais une bonne proportion retourne vers le sud à la mauvaise saison. Les « dortoirs » sont souvent fréquentés par des dizaines de milliers d'individus, jusqu'à un million dans certains cas. C'est en avril et en fin d'automne que la population est la plus forte. Aussi dit-on :

A Saint-Jules, les sansonnets (12 avril)
Tiennent ménage dans les clochers.
(Picardie)

L'étourneau vient dans les prés,
Quand le champ labouré est bien gelé.

Dans *Le Vrai Régime des Bergers et Bergères,* Jehan de Brie notait ceci :

En temps d'hiver, advient souvent que les étourneaux s'assemblent en grandes troupes et volent ensemble, et quelquefois se perchent sur un ormeau ou sur un autre grand arbre. Le berger doit faire attention à la façon dont les étourneaux s'envolent de l'arbre ; car quand ils partent tous ensemble en une seule volée, c'est signe de grande froidure. Si au contraire ils partent par petites volées, c'est signe de pluie.

En Belgique, on prévoit la pluie ou le vent si, au lieu de voler en bandes, les étourneaux volent dispersés.

Fauvette

Quand tu vois la fauvette,
Sarcle ta navette.

Il s'agit peut-être de la fauvette à tête noire, qui revient au pays en mars-avril. Le mâle arrive le premier et prend possession de son territoire, tout en commençant quelques rudiments de nids. Arrive ensuite la femelle, qui en fin de compte choisit elle-même l'emplacement définitif du nid. C'est le moment de commencer les travaux de jardin (voir cependant à **navet,** p. 289.)
Une autre espèce, la fauvette des jardins, n'arrivant qu'en mai, celui qui l'attend pour le début de ses travaux risque d'avoir un piètre jardin.

Geai

Il est un dicton digne d'être cité à propos du geai :

En mai
Fleurit le hêtre et chante le geai.

Lorsque vient le mois de mai, le geai modifie son chant pendant la couvaison. On l'entendait déjà depuis le mois de janvier, car il chantait en groupes bruyants, imitant à l'occasion les cris d'autres oiseaux. Maintenant, il s'agit du

« chant du nid », dont la mélodie rappelle les doux accents de la fauvette. Après cette lune de miel, le geai restera plus discret jusqu'à la fin de la belle saison.

Le philosophe grec Théophraste énonçait déjà une première observation en écrivant qu'il pleuvrait si l'on voyait le geai voler haut en imitant le cri de l'épervier. C'est ensuite Antoine Mizauld, au XVIe siècle, qui affirmait :

Les corbeaux et les geais " cressilant ", secouant les ailes ou " gergonnant ", présagent pluie ou tempête.

Selon lui, il pleuvrait aussi si l'on apercevait les geais *plume à plume, s'espeluçant.*

Il faut s'attendre au mauvais temps lorsque
« — les geais et les pies se querellent en faisant un vacarme étourdissant (Bretagne, Vosges) ;
— ils partent en troupes ».

Enfin, paraît-il, « le geai, se retirant plus tôt qu'à l'accoutumée, sent l'hiver qui s'approche ».

Grive

Après la glace et le givre,
Fin de mois chantera la grive.

Dans les régions où la grive musicienne est sédentaire, son chant se fait déjà entendre occasionnellement en décembre et en janvier. Elle chantera régulièrement dès la mi-février. Dans les autres régions, la grive chante à son retour, soit au plus tôt en fin février.

Quand la grive chante au genévrier,
On n'est pas loin du mois de février.

Les présages ne manquent pas à propos de la grive.
Il fera beau si « la grive se perche en haut des arbres ».
(Haute-Bretagne)

Il fera froid « si la grive se fait entendre ». (Périgord)

Il faut s'attendre à de la pluie ou du mauvais temps lorsque « les grives abandonnent le taillis pour aller dans les terrains labourés (Ardennes) ;

— elles chantent à la cime des grands arbres » (Vosges).

Chante la grive,
La pluie arrive.

Le départ de la grive est épié avec attention. Ne dit-on pas en Belgique que « le départ de la grive litorne annonce le retour du printemps » ?

Par contre, le départ de la grive musicienne, dans les régions où elle n'est pas sédentaire, a lieu vers l'époque des vendanges, comme en témoigne ce dicton bourguignon :

Quand les grives sortent,
Apprêtez vos hottes.
(Bourgogne)

G. Bidault de l'Isle cite le rapport d'un ornithologue qui atteste la valeur des prévisions fondées sur le comportement de la grive dite « draine » : « La draine annonce les bourrasques et les gelées de printemps. Dès janvier, elle choisit ses postes d'observation et, de février à mai et quelquefois plus tard, elle annonce par un chant rapide et précipité les giboulées qui doivent venir deux ou trois jours après. Plus elle perche haut pour chanter, plus les effets de la tempête sont à redouter. Sa tâche terminée, elle descend derrière les haies épaisses pour y chercher un abri. Cet oiseau ne se trompe jamais dans ses prédictions et ne chante que pour prévenir du mauvais temps. »

Loriot

Le chant du loriot passe pour annoncer le retour du printemps. On dit à ce sujet en Suisse :

En avril, bas ou haut,
Tout arbre a son loriot.

Martinet

Cet oiseau, qui peuple nos étés, est aussi un acteur coutumier de nos pronostics. On peut, paraît-il, prédire le beau temps, « lorsque les martinets se poursuivent, haut dans le ciel, en rondes rapides et en poussant des cris stridents ».

En revanche, c'est la pluie qu'ils annoncent lorsqu'ils volent bas, ou si le soir, dans leur vol, ils « trinsotent » fiévreusement (Huy).
Et même, « s'ils crient sans arrêt » (Languedoc).

Antoine Mizauld, au XVIe siècle, observait :

Lorsque les martinets et leur nichée étendent leurs ailes au soleil, c'est signe de pluie ou de tempête.

On a également remarqué que, parfois, le martinet quitte la région, abandonnant ses petits au nid, fait presque unique parmi la gent ailée. Le mauvais temps survient alors. Le martinet reste très loin, parfois à plusieurs centaines de kilomètres, en attendant le retour du beau temps.

Dans le Bourbonnais, les martinets qui se jouent souvent, dans leur chasse aux insectes devant les nuées menaçantes, passent pour conduire l'orage ; on les qualifie de *meneux de rangs*.
Le martinet se distingue également par une autre particularité lors de sa migration : s'il risque de traverser une zone d'intempéries, telles que la pluie ou l'orage, il peut modifier fortement son itinéraire pour éviter le mauvais temps.
Le comportement de cet oiseau rappelle souvent celui de l'hirondelle, voir p. 66.

Merle

Avec sa livrée noire et son bec fin, le merle est présent dans nos régions tout au long de l'année. On le retrouve également dans les dictons de nos campagnes, lesquels s'efforcent de repérer les premiers nicheurs.

Janvier frileux
Gèle la merlesse sur les œufs.

En février
Bon merle doit nicher.

ou

A la mi-février,
Une bonne moulasse (merlette) *doit couver.*
(Picardie)

Février souffle, souffle,
Et tue le merle dans son nid.

Pâques tôt, Pâques tard,
Un bon merle a des petits à Pâques.

Pâques bas, Pâques haut,
Toujours il y a des marlauds.

Les premiers de ces dictons utilisent la merlesse pour illustrer la sévérité des gelées des mois de janvier et février. Leurs allusions à la nidification du merle sont cependant inexactes. En effet, les couples sont déjà constitués en décembre au plus tard, et les territoires sont déterminés au mois de février, mais les pontes les plus précoces ont lieu vers la mi-mars. Le chant recommence à se faire entendre vers la même époque. C'est pourquoi les dictons suivants sont souvent exacts :

Quand siffle le merle,
L'hiver est fini.

Les merles en sifflant
Annoncent le mauvais temps.
(Vosges)

Le mauvais temps dont il est question ici est celui que nous connaissons normalement en mars/avril, lorsque les giboulées envahissent nos pays. Vers cette époque, les spéculations fusent à propos de la saison prochaine. C'est ainsi que certains disent :

Si corneille a nid bas et merle haut,
Les beaux mois fondront en eau.
Si merle niche bas et corneille haut,
L'été sera sec et chaud.

Pourquoi le merle aurait-il le don de prédire la tournure que prendra l'été ? Comme les autres animaux, il ne réagit qu'aux circonstances présentes et passées. Les partisans de ce dicton rétorqueront cependant que ces observations résultent de statistiques populaires, et qu'à ce titre elles doivent être admises jusqu'à preuve du contraire.

C'est ainsi que le comportement du merle permettrait de prévoir divers types de temps. Les conclusions peuvent

paraître contradictoires, car il est dit qu'il pleuvra
« si le merle chante (Haute-Bretagne) ;
— s'il siffle fréquemment » (Belgique) ;

mais qu'il fera beau « si le merle chante en haut de l'arbre » (Belgique).

Par ailleurs, il fera froid « s'il court en criant le long des haies ».

Moineau

Le moineau, notre sympathique compagnon hivernal, se décide à fonder sa petite famille en avril. Le temps de bâtir son nid, de pondre ses 4 à 6 œufs et de les couver douze ou treize jours, et voilà quelques nouveaux insectivores à nourrir. L'Ascension tombant le plus souvent en mai, il est exact de dire :

A l'Ascension,
Il y a des jeunes de mouchons (= moineaux).
(Belgique)

Le moineau a servi de base à diverses prévisions du temps. C'est ainsi que l'on dit en Provence :
« Quand les moineaux pépient et s'attroupent sur les toits, ils présagent du mauvais temps. »

C'est aussi la pluie qu'ils annoncent, en d'autres régions, quand
« ils s'ébattent dans la poussière ;
— ils se rapprochent des maisons ;
— ils piaillent ».

Le moineau permet de prévoir le beau temps « quand il *chuchète* par grand vent », et quand « il pépie de bonne heure ».

On dit en Belgique qu'il y aura de l'orage « si les moineaux se cachent dans les haies », ou encore qu' « ils annoncent le froid et la gelée lorsqu'ils sont tristes, ramassés en boule et font le gros dos ».

Le moineau fut jadis appelé *passereau*, nom qui désigne aujourd'hui toute une famille d'oiseaux dont fait partie le moineau.

Antoine Mizauld établissait une prévision basée sur l'observation du passereau :
Le passereau qui, seulet au matin, pipe annonce pluie ou tempête.

Le Languedoc nous livre une autre remarque à son sujet :
« Quand les passereaux chantent la nuit, le vent du nord est annoncé. »
Ce vent du nord, dans les régions méridionales, devient parfois un épouvantable mistral, si bien que l'on devine avec quel émoi le chant nocturne du passereau était entendu.

Pie

La pie est présente dans nos régions tout au long de l'année — ou est-ce nous qui avons envahi son pays ? Il n'est donc pas étonnant que la tradition orale regorge d'observations à son sujet, les unes sous forme de dictons, d'autres en prose. La Picardie en particulier s'est attachée à décrire les étapes de la vie de cet oiseau. Il arrive que l'on voie en février la pie transporter déjà quelques ramilles pour construire son nid. Mais ce n'est pas avant mars qu'a lieu l'édification proprement dite, ou parfois en avril quand l'hiver se montre plus opiniâtre. Les premiers dictons sont donc exagérés à dessein, dans le but d'illustrer la sévérité des gelées de février.

Février, Fevriou,
Si tu gèles, ne gèle point mes quious

dit la pie en train de couver.

Ou encore :

Février, févriote,
Si tu gèles, ne gèle point nos piotes.

Les dictons suivants évoquent le moment des nidifications les plus précoces, le 24 février et le 2 mars, les années où le temps est particulièrement doux.

A la Saint-Mathias, (24 février)
Les agasses
Pour leur nid cherchent la place.
(Belgique)

A Saint-Jacob, dans nos pays, (2 mars)
Les agasses commencent leurs nids.
(Picardie)

Enfin, à l'autre bout de l'année, nous trouvons la pie affairée à la recherche de sa nourriture :

Le jour de Noël, c'est le jour où
La pie creuse son premier trou.
(Ardennes)

Comme il fallait s'y attendre, les prévisions météorologiques ne manquent pas. Au XVIe siècle, Jehan de Brie écrivait :

La pie ou agache est très malicieuse et, pour la pronostication, c'est une vraie sibylle ; mais tous les bergers ne comprennent pas son langage, car d'après sa façon de crier, elle annonce parfois le beau temps et parfois la pluie. Et bien qu'elle soit assez tricheresse, quand elle brait et agache, et crie souvent et continuellement, et se tient près des haies ou buissons en démenant sa noise, cela signifie qu'il y a un loup, un renard ou quelque mauvaise bête assez près.

Cette description, plutôt vague, n'est pas très engageante, car elle laisse supposer qu'il faut beaucoup d'habileté pour interpréter les pronostics de la pie.

Un dicton affirme néanmoins :

Quelque temps qu'il fasse, en fait d'oiseau,
Préfère la pie au corbeau.

C'est au moment de la nidification que notre oiseau formule ses meilleurs bulletins météo. Une petite sentence en fournit l'un des meilleurs exemples :

Quand on voit une pie,
Tant pis ;
Quand on en voit deux,
Tant mieux.

Cette formule est mieux explicitée par les observations suivantes, originaires des régions les plus diverses :

« Au printemps, rencontrer le matin sur une route une pie est un mauvais présage ; deux, c'est bon signe. »

« Si au printemps une seule pie quitte le nid : signe de pluie. Mais si le couple le quitte ensemble : beau temps certain. »

Une pie au printemps
Annonce le mauvais temps.

« Il fera beau si au printemps les deux pies quittent ensemble le nid et s'absentent. » (Ardenne)

Ces remarques n'ont rien de superstitieux. On a constaté qu'une des deux pies demeure sur le nid lorsque le temps menace, afin de protéger les œufs ou les jeunes d'éventuelles intempéries. Si l'on voit le couple de sortie ensemble, il y a fort à parier qu'il fera beau. En Suisse, le mauvais temps des débuts du printemps consiste encore souvent en précipitations de neige. D'où le dicton :

Pie dans la ferme,
Neige à court terme.
(Suisse)

La hauteur du nid reçoit aussi mille interprétations, dont la plupart permettraient de prévoir le temps à longue échéance. C'est ainsi que l'on dit :

Quand la pie bâtit bien haut,
Bon signe pour un été chaud.
Si par malheur elle bâtit bas,
Du mauvais temps tu verras.

Quand la pie a bâti haut,
Le temps sera calme et beau.
Mais quand elle a bâti bas,
Sur tout l'an il ventera.

Plus les nids des pies seront hauts,
Plus l'été sera beau. (Suisse)

Si la pie bâtit haut, c'est signe de beau temps ;
Si elle bâtit bas, toute l'année du vent.
(Provence)

« Quand les agasses font leurs nids au bout des branches, l'été sera chaud. » (Picardie)

« Quand les pies nichent bas, l'hiver sera rigoureux. » (Ardèche)

« Les pies construisent leurs nids dans les basses branches quand l'année doit être orageuse ; lorsque l'année doit être calme, elles nichent au sommet des arbres. » (Berry, Rouergue, Saintonge)

« Lorsque la pie fait son nid bas, il tonne souvent en été. » (Provence)

« Au printemps, on préjuge si l'été sera orageux d'après la façon dont les pies construisent leurs nids. Si elles le bâtissent à la pointe des arbres, dans les fines branches, les orages ne seront ni nombreux ni redoutables ; si au contraire elles recherchent les branches moyennes ou basses, à proximité du tronc, il faut s'attendre à de forts orages. » (Bourbonnais)

« L'été sera sec si elles nichent haut, pluvieux si elles nichent bas. » (Belgique)

« Quand pies et corbeaux nichent bas, l'année sera venteuse. »

« Quand les pies font leurs nids en bas, c'est signe d'orages. »

« L'orientation de l'entrée du nid de la pie prédit le vent dominant de l'année. » (Belgique)

Il convient de considérer ces prévisions avec beaucoup de circonspection. Selon les connaissances actuelles, il ne semble pas qu'un animal puisse prévoir le temps aussi longtemps d'avance. Les circonstances immédiates, ou très proches, paraissent le plus susceptibles d'influencer le comportement de la pie. Cependant, certains exemples nous ont appris à être moins dogmatiques sur ce point (voir p. 16).

D'autres pronostics peuvent être faits en toutes saisons. Il fera mauvais et pleuvra si :
« les pies vont au-devant les unes des autres et sont plus bavardes que d'ordinaire (Haute-Bretagne) ;
— elles volent près des maisons (Belgique) ;
— elles jacassent sans arrêt (Bourbonnais) ;
— les geais et les pies se querellent en faisant un vacarme étourdissant » (Bretagne, Vosges).

« Il fera beau lorsque la pie jacasse de bonne heure. »
(Condroz, région de Belgique)

Enfin, en Ardenne, on pense qu'il fera de la tempête « si les pies se réunissent en groupe et jacassent ».

Pivert ou **pic-vert**

Deux documents anciens citent le pivert dans leurs pronostics. Le premier, du XVe siècle, appelé l'*Évangile des Quenouilles*, affirme :

Le pivert infailliblement chante devant la pluye.

C'est ensuite Jehan de Brie qui reprend la même prévision :

Le pivert (ou espec) crie et hennit très fort quand il doit pleuvoir ou faire orage.

Plusieurs dictons ont plagié ces deux ouvrages :
« Le chant du pivert annonce la pluie, celui de la grive la neige. » (Ariège)

Lorsque le pivert crie,
Il annonce la pluie.
(Normandie)

Quand le pic-vert crie,
Pas loin est la pluie.

Quand le pivert plaint,
La pluie n'est pas loin.
(Ille-et-Vilaine)

Quand il sent la pluie,
Le pivert gémit.

La prose paysanne s'est aussi emparée de cette idée :

« Le pic-vert qui crie prévoit le mauvais temps. »
(Dauphiné)
« Il pleuvra si le pic-vert *margaude.* » (Hesbaye, Condroz)
« Quand le pivert a tendance à chanter, il pleuvra. »
(Bourbonnais)
« Il fera mauvais temps si le pivert se plaint et se cache. »
(Belgique)

Une dernière observation :
« Quand les pics et les corbeaux nichent bas, l'année sera venteuse. »

Si cette prévision à longue échéance paraît plus que douteuse, les autres le sont moins. Il se peut que le cri du pivert puisse recevoir une interprétation similaire à celui du pinson.

Pinson

Le pinson est un oiseau migrateur. On dit en France qu'à son retour au pays, il est escorté de giboulées de neige. La même idée se retrouve dans le Roussillon à propos du coucou. La Picardie nous livre cette remarque :

A Saint-Pie, (5 mai)
Vois pinson au nid.

Le pinson bâtit son nid sur un arbre, à une hauteur de 3 à 12 m. Le premier nid est souvent achevé fin mars ou début avril. Les œufs, au nombre de 4 ou 5, sont pondus vers le 10 avril, sauf en montagne, où il faut attendre jusqu'à fin avril, début mai. La deuxième ponte a lieu fin mai ou en juin. Dans notre dicton, il est question des derniers rejetons de la première ponte, éclos au début de mai.

Lorsque le temps est instable, de février à juillet, le pinson pousse parfois son *cri de pluie.* Selon certains ornithologues, on devrait plutôt dire son *cri de rut.* Paul Géroudet ajoute même qu'un accent régional se reconnaîtrait dans ce chant. L'approche d'une zone de perturbations stimule parfois l'activité sexuelle de certains animaux. Si ce chant caractéristique est un appel nuptial, il se peut qu'il soit plus fréquent à l'arrivée de la pluie.

En été, on annonce aussi la pluie « lorsque le pinson s'approche des maisons », ou « s'il fredonne le matin ».

A Namur, on s'attend plutôt à de l'orage ou de la tempête s'il chante le matin. A Saint-Hubert, en Ardenne, l'imagination aidant, l'observation suivante a été rapportée :
« En hiver, il gèlera si le pinson remplace son habituel *finck ! finck !* par un autre cri ressemblant à *C'est, c'est, c'est c'est stupide !* »

Roitelet

Le plus petit oiseau de nos régions est le personnage de plusieurs prévisions météorologiques. Il annonce, dit-on, la pluie et le mauvais temps « lorsqu'il pépie », ou « lorsqu'il chante dans les haies ».
Par contre, il fera beau « s'il *fringote* dans les arbres », ou « s'il *ramage* le matin entre 9 et 10 heures, et l'après-midi de 4 à 5 heures ».

Rossignol

Cet oiseau migrateur nous revient d'Afrique dans la première quinzaine d'avril. Au nord de Paris, son chant mélodieux se fait entendre à l'orée des bois dès son retour, si bien qu'un dicton picard constate :

Au sept avril,
Le rossignol est mort ou en vie.

Le rossignol se tait dans la seconde moitié de juin, lorsque ses jeunes le quittent. Est-ce de chagrin ?

A la Saint-Jean, (24 juin)
Le rossignol perd son chant.

Apparemment, les seuls individus sédentaires sont ceux que l'homme a enfermés en cage. Leurs geôliers ne profiteront pas toujours de leurs trilles inimitables, car ils se taisent souvent pendant la saison froide. Le dicton suivant a donc de fortes chances d'être souvent d'exact :

Rossignol de décembre
Muet en sa prison
Présage tardive et froide saison.

Pendant son séjour hélas ! trop bref sous nos latitudes, le rossignol fait plus que nous charmer par ses mélodies. Ses pronostics peuvent aussi être mis à profit. On prétend dans les Vosges que « plus le rossignol chante en mai, plus la récolte sera belle ».Un peu partout ailleurs, on prévoit le beau temps si le rossignol chante toute la nuit, ou « s'il chante à voix claire et fort longtemps ».
On pense en revanche qu'il pleuvra « si, le matin, il se tourne vers le levant pour chanter ».
Il semble que la plus sûre fonction du rossignol est de retenir irrésistiblement l'oreille humaine par les nuits de temps clair.

Rouge-gorge

Ce charmant petit oiseau se voit surtout en hiver, saison pendant laquelle il se hasarde volontiers près des maisons pour y mendier du pain, de la graisse — non salée, s'il vous plaît — et de l'eau. En échange, il nous livre quelques petites prévisions météorologiques.

En Ardèche, il annonce le froid en s'approchant des maisons. En Hesbaye et Condroz, cette attitude est censée prédire le mauvais temps.

On pense généralement qu'il fera beau si :
« le rouge-gorge chante de bon matin ;

— il chante, le soir, perché à la cime des arbres ;
— il se perche en haut des arbres pour *gringotter ;*
— il *picote* à la cime des arbres. »

« S'il chante fort et longtemps sous la pluie », celle-ci cessera bientôt. Mais il pleuvra si :
« le rouge-gorge chante caché dans les buissons ;
— il reste silencieux alors que brille le soleil. »

Un dicton rimé — le seul à son sujet — affirme :

Si le rouge-gorge chante sur l'épine (le buisson d'aubépine),
Le beau temps est en ruine.

Caille

Le passage de la caille dans nos régions fait l'objet de plusieurs remarques :

En avril tout oiseau fait son nid,
Excepté la caille et la perdrix.

A la Saint-Georges, (23 avril)
La caille dans l'orge.

Pour la Saint-Barthélemy, (24 août)
La caille fait son cri.

Diverses prévisions se fondent sur l'observation du comportement de la caille.

Autant de fois la caille chante à son retour,
Autant de fois vaudra la mesure de blé.
(Nivernais)

Plus la caille carcaille,
Plus chère est la semaille.

En Belgique, le cri de la caille est signe de pluie. Les deux prévisions se tiennent peut-être : une pluie trop abondante réduira la récolte et fera monter le prix du grain.

On dit aussi que si la caille pond encore en août, ou en septembre, l'automne sera exceptionnellement chaud.

Enfin, il y a risque d'averses, dit-on, si les cailles viennent voltiger jusqu'au bord de la mer.

Perdrix

La perdrix se met à nicher plus tard que la plupart des autres espèces :

En avril, tout oiseau fait son nid,
Excepté la caille et la perdrix.

D'autres dictons notent le moment où les jeunes commencent à ne plus se distinguer des adultes.

A la Saint-Rémy, (1er octobre)
Perdreau vaut perdrix.

Quand arrive la Saint-Denis, (9 octobre)
Les perdreaux sont des perdrix.

Deux sentences concernent la prévision du temps :
« Les perdrix qui s'ébattent dans la poussière présagent la pluie. » Certains oiseaux en effet se couvrent de poussière pour se débarrasser de leurs parasites. Ces derniers ont la réputation de redoubler d'activité avant le mauvais temps (voir p. 90 et 92).

« Lorsque tu entendras les perdreaux chanter à la couchée, le marin sortira le lendemain et la pluie interviendra le surlendemain. »

Un dernier dicton nous laisse comprendre que, depuis des siècles, la chasse est un privilège réservé à ceux qui ont pourtant les moyens de se payer de la viande.

Le perdreau du mois d'août
N'est jamais pour le malheureux.

Bécasse

Les seules mentions que nous ayons trouvées de la bécasse sont deux dictons qui rappellent l'époque habituelle du retour de la bécasse dans le Nord et en Belgique.

A la Saint-François, (4 octobre)
La bécasse est au bois.

Quand arrive la Saint-Denis, (9 octobre)
Les bécasses sont au pays.

ou

A la Saint-Denis,
Bécasses en tout pays.

Bécassine

Cet oiseau réapparaît chez nous dans la seconde quinzaine de juillet. C'est pourquoi l'on dit :

A la Sainte-Madeleine, (22 juillet)
On commence à revoir les bécassines.

Butor

Dans un manuscrit très ancien de Jehan de Brie, intitulé *Le Vrai Régime des Bergers et des Bergères,* il nous est rappelé que

WAOIWOOOO

le butor, cet échassier proche du héron, ne chante qu'en été et que sa voix est entendue de très loin.

Quand il doit faire beau, il chante hautement et donne un son si grand et un tel brandissement de sa voix que, la nuit, on pourrait l'entendre à plus d'une demi-lieue. Mais quand il va pleuvoir, il chante plus bas et plus lentement et ne rend pas un si grand son.

On nous rapporte par ailleurs que le butor annonce le beau temps
« quand son cri est aigu ;
— quand il vole en *butissant* » (Ardenne).

Il annonce la pluie « si son crie est sourd ».

Courlis

Un seul dicton à propos de cet échassier :

Sous grand vent mâture geindra
Quand courlis volant chantera.

Foulque

Virgile nous livre le secret de la foulque, ce petit échassier au plumage noir ressemblant à la poule d'eau :

Les foulques marines jouent sur le sable lorsque le vent se lève.

Héron

Plusieurs documents très anciens nous livrent les observations réalisées par nos aïeux à propos du héron. Le plus ancien a été signé par Virgile :

Le héron désertant les marais familiers, vole haut au-dessus des nuages lorsque le vent se lève.

Le Moyen Âge y fut aussi fort attentif, témoins ces deux extraits :

Quand le héron se lève de la pâture et crie fort en se levant, c'est signe de fort et dur temps. S'il vole contre le vent de bise, cela signifie grande froidure. S'il vole contre le vent d'aval, cela signifie pluie. Si le héron à son retour de vol se pose près du lieu d'où il est parti, c'est signe que le temps annoncé est à venir prochainement. S'il vole au contraire et se pose loin de l'endroit où il s'est levé, le changement de temps sera différé et n'adviendra pas de sitôt.

Jehan de Brie.

Le héron, triste sur le bord de l'eau et ne se mouvant, signifie l'hyver prochain.

L'Évangile des Quenouilles, III, 8.

Actuellement, bien que le héron soit encore un échassier très familier de nombreuses régions d'Europe, peu de remarques subsistent à propos de ses dons de prévisionniste. On dit pourtant dans les Dombes :

« Si le héron, habituellement actif et chassant sans cesse, devient tout à coup immobile et pensif au bord des marais, frimas. Beau temps s'il plonge son bec dans l'eau pour chasser le poisson et bat fréquemment des ailes. »

Un dernier pronostic :
« Les hérons qui fuient les marais avec des cris lamentables annoncent le mauvais temps. »

Outarde

L'outarde choisit parfois certaines régions de France pour y établir ses quartiers d'hiver. C'est ce que nous rappelle ce dicton :

Le vent du nord déjà nous larde
Dans le pays quand vient l'outarde.

Coq de bruyère

Dans les Alpes, les Vosges et le Jura, mais probablement aussi partout où cet animal est connu, on dit :

Si le coq de bruyère est perché haut, beau temps.
S'il est perché bas, pluie et mauvais temps.

Le même principe se retrouve souvent pour quantité d'autres oiseaux : voir pp. 37 et 41.

Corbeau

Les augures romains furent parmi les premiers à prédire le temps grâce au comportement des corbeaux. Les observations abondent à ce sujet. Dans nos régions, le corbeau freux retient particulièrement l'attention : si cette espèce est en majorité sédentaire, nous voyons pourtant revenir chez nous en automne des armées de freux venus d'Europe de l'Est. Ils ne repartiront qu'en fin février au plus tôt. C'est pourquoi on trouve les dictons suivants, qui s'appliquent au 24 février (Saint-Mathias) et au 15 mars (Saint-Zacharie).

A la Saint-Mathias,
Le corbeau s'en va.
Six semaines passera
Et le coucou reviendra.
ou
A la Saint-Mathias,
Corbeau tu t'en vas ;
Coucou ramèneras,
Dans sept semaines l'entendras.

A Saint-Zacharie,
Il y a des corbeaux gris.
(Picardie)

Divers présages ont toujours cours à propos du corbeau, souvent confondu avec la corneille. Bien qu'un dicton donne ce conseil :

Quelque temps qu'il fasse, en fait d'oiseau,
Préfère la pie au corbeau.

les observations ne manquent pourtant pas. Virgile émettait déjà son opinion à leur propos :

Les corbeaux, le gosier contracté, répètent trois ou quatre fois des notes aiguës, et souvent, dans leurs couches élevées, livrés à je ne sais quelle allégresse d'une douceur insolite, ils mènent grand bruit entre eux dans le feuillage, heureux, quand la pluie est chassée, de revoir leur petite descendance et leurs doux nids.

Revenant de la pâture en une grosse colonne, une armée de corbeaux fait claquer l'air de coups d'ailes répétés avant la pluie.

Le mauvais temps et la pluie sont attendus si

« les corbeaux croassent et se laissent emporter par le vent
(Dauphiné) ;

— ils croassent en se livrant à des vols désordonnés et en poussant des plaintes prolongées ;
— les corbeaux et les geais volent haut en imitant le cri de l'épervier, ou croassent désespérément ;
— ils volent vers la vallée (Ardèche) ;
— ils croassent auprès des cours d'eau » (Haute-Bretagne).

Le beau temps est à prévoir lorsque
« les corbeaux croassent le matin pour saluer le soleil levant (Namur) ;
— ils volent nombreux ».

Il faut s'attendre à voir grandir le vent quand
« en mer, le corbeau vole vers la côte ; ou vers les navires ; ou plonge sans cesse la tête dans l'eau ;
— sur terre, il vole en direction des espaces découverts ».

Bidault de l'Isle cite un exemple qui manifeste que le corbeau peut parfois prévoir la direction d'où viendra la tempête. Un corbeau apprivoisé dormait toujours sous un porche situé du côté sud-ouest d'une maison. Il lui arrivait parfois de déménager vers le côté nord, après quoi l'on voyait immanquablement se lever une tempête du sud-ouest, quelques heures plus tard.

Il y aura de l'orage « si les corbeaux, en légions, fendent l'air » (Huy).

C'est la chaleur qui apparaîtra « s'ils volent très haut » (Belgique) ou « s'ils passent haut au-dessus des arbres » (Guyenne).

Il fera très froid « lorsque, en hiver, les corbeaux volent bas (Huy, Guyenne) ou, au contraire, « s'ils volent très haut tout en se montrant particulièrement bruyants » (Namur).

Les corbeaux freux peuvent aussi fournir de précieux renseignements à propos de l'hiver prochain : « S'ils reviennent prématurément en bandes compactes, cette saison sera rude. Si lors de leur retour, le temps est brumeux par vent du nord, le froid est proche. »

Corneille

Plus familière de nos régions que le corbeau, la corneille peuple également les dictons et observations de nos campagnes. Maudite des propriétaires de vergers, elle poursuit le cheval ou le tracteur au moment des labours, se délectant des vers et insectes souterrains qu'ils ramènent à la surface. C'est pourquoi le Picard disait vers le 22 octobre :

A Saint-Modéran,
Corneilles plein les champs.

De même que le corbeau, la corneille annonce très souvent la pluie. Virgile nous disait en son temps :

La corneille, sans se lasser, appelle la pluie à pleine voix et se promène toute seule sur le sable sec.

Au XVIe siècle, Jehan de Brie écrivait :

La corneille crie pour appeler la pluie. Ce cri doit attirer l'attention du berger, car il se distingue à certains mots. Quelquefois le matin, quand il doit pleuvoir, la corneille prononce une manière de cri comme " glaras ! glaras ! " De même quand ce cri est poussé par la corneille bise [= grise] *que l'on nomme " faissie ". Elle arrive toujours avec l'hiver, quand les hirondelles repartent, et elle repart et se cache pour répondre quand les hirondelles arrivent en la nouvelle saison qui commence à l'entrée d'avril.*

Dans le Dauphiné, on affirme que « si les corneilles croassent, la pluie viendra ». En Haute-Bretagne, on tire la même conclusion lorsqu'elles vont en groupe.
En Belgique, il paraît qu'il y aura de l'orage si la corneille « craille en solitaire sur le rivage ». Il y aura un vent fort « si elles volent de côté et d'autre ».
La chaleur et le froid pourraient aussi être prévus grâce au comportement de cet oiseau. Plusieurs dictons le proclament :
« Quand les corneilles descendent, elles annoncent le froid. » (Vivarais).

Quand les corneilles vont vers le vent,
Il faut s'habiller jusqu'aux dents.
Si elles vont devers la bise,
Il faut s'habiller en chemise.
(Dauphiné)

Quand la corneille passe basse
Sous l'aile elle porte la glace.
Quand elle passe haut,
Elle apporte le chaud.
(Provence)

Même les saisons entières étaient pronostiquées grâce à l'observation de la corneille.

Si corneille a nid bas et merle haut,
Les beaux mois fondront en eau.
Si merle niche bas et corneille haut,
L'été sera sec et chaud.

Quand les corneilles s'assemblent,
Du bois pour ton hiver assemble.
(Belgique, Alsace)

Pigeon

Les observations les plus anciennes à propos du pigeon sont résumées par Jehan de Brie :

Ces oiseaux donc, et plusieurs autres qui volent en l'air, connaissent le temps par la divine providence. Et l'on voit aussi que les coulons [= les pigeons] *s'en retournent très vite à leur colombier ; et quand ils viennent ainsi en volant à grande hâte, cela signifie tempête ou grosse pluie à venir prochainement.*

Cette remarque est résumée par un dicton provençal, dont la rime disparaît malheureusement pour les besoins de la traduction :

Les pigeons qui rentrent tard à leur pigeonnier
Présagent la pluie pour les jours prochains.

D'une région à l'autre, les pronostics peuvent être diamétralement opposés. En Belgique, on entend dire dans certains villages que le retour précipité au colombier est un signe d'orage, de même que si les pigeons demeurent à proximité, picorant aux environs immédiats. Dans d'autres, on annonce qu'il fera beau si les pigeons s'éloignent et rentrent tard.
En Bretagne on prévoit également du beau temps « s'ils volent vers les collines », ou simplement « s'ils roucoulent ».

On dit en Franche-Comté et en Belgique :

Quand les pigeons sont perchés,
La pluie est annoncée.

Il en va de même lorsque
« sur les toits ils prennent à tout instant un vol agité, brusque, et en cassant brutalement leur direction ;
— ils présentent le jabot au levant ;
— ils roucoulent beaucoup ;
— ils lissent leurs plumes et se baignent ;
— ils s'ébattent dans l'eau ».

Cette pluie persistera « s'ils restent exposés à la pluie ».

Enfin, on attend un renforcement du vent « s'ils claquent fortement des ailes en volant ».

Le roucoulement du pigeon peut recevoir le même commentaire que le cri du paon. Le fait qu'il lisse ses plumes a peut-être trait à l'activité accrue des parasites avant le mauvais temps (voir p. 92). Enfin, plusieurs autres animaux restent exposés à la pluie s'ils pressentent qu'elle durera (voir p. 142).
Quoi qu'il en soit, il reste que le pigeon n'a pas fini d'intriguer les savants du monde entier par son sens aigu de l'orientation, à propos duquel les spécialistes se perdent en conjectures.

Ramier

Un dicton picard déclare :

A Sainte-Colombe, (6 juillet)
Le ramier quitte sa colombe.

L'expérience justifie difficilement cette affirmation. En effet, le pigeon ramier pond deux à quatre fois de février mars jusqu'en octobre, et les deux sexes couvent. En fait, c'est le seul nom de Sainte Colombe qui a suggéré ce dicton, inventé « pour le plaisir ».
En Haute-Bretagne et dans les Vosges, on considère que le beau temps s'annonce « si les ramiers se poursuivent en roucoulant et gagnent de préférence les collines ».

Tourterelle

Le cri de la tourterelle fait tirer deux conclusions aux paysans des environs de Nivelles en Belgique. On y dit que « si les tourterelles roucoulent lentement, surtout le soir, il fera beau le lendemain ». En revanche « il pleuvra si elles *gémissent* ».

Cygne

On ne voit cygne noir
Ni nulle neige noire.

On trouve pourtant des cygnes noirs, de même que, pour toutes sortes de raisons, la neige est parfois colorée par des éléments en suspension dans l'atmosphère. Quelques pronostics sont fondés sur l'observation du cygne. Dans le document médiéval intitulé *Les Évangiles des Quenouilles* figure ce « signe » :

Quand les cygnes se baignent et se débattent en l'eau, il n'y aura aucune faulte qu'il ne pleuve cellui jour.

C'est aussi la pluie qui s'annonce « si le cygne se tient sur terre » (Huy, Namur).

On prévoit le beau temps si le cygne plonge la moitié du corps dans l'eau, mais l'orage s'il vole çà et là sur la surface des eaux, en plongeant, criant et battant des ailes (Liège, Huy).

Le cygne sauvage annonce le froid et la gelée s'il survole nos régions. En mer, il permet de prévoir le beau temps.

Paon

Cet oiseau asiatique fut introduit en Europe dès l'Antiquité. Il n'est donc pas étonnant d'en trouver la mention dans un document du XVIe siècle, signé par Antoine Mizauld, lequel prédit pluie ou tempête si le paon crie la nuit. Ce même cri, reconnaissable entre mille (*Léon ! Léon !*), annonce la pluie, quelle que soit l'heure où on l'entend, selon ce que l'on dit dans plusieurs régions : Provence, Dauphiné, Belgique.

Un dicton permet de mémoriser cette observation :

Si le paon crie : Léon !
Reste à la maison.

On dit aussi en Belgique qu'il fera mauvais « si le paon se perche le plus haut possible », mais qu'il fera beau « s'il fait la roue ».

L'interprétation du cri du paon faisant l'unanimité, des chercheurs se sont penchés sur la question. Ils ont constaté que, près de 24 heures avant un orage, le paon ressent une puissante stimulation sexuelle, qui l'incite à déployer sa magnifique parade amoureuse, manifestée par son cri et la manœuvre de la roue. Gageons cependant que l'orage n'est pas la seule cause possible de la reproduction de ce gracieux oiseau.

Paille-en-queue

Il s'agit d'un oiseau des mers tropicales, appelé aussi *phaéton*. Il est censé annoncer par son cri une augmentation du vent. C'est pourquoi circule à la Martinique un dicton que nous aurions quelque scrupule à ne pas vous livrer :

Zozo paillenqué crié là-haut,
Coud' vent vini bientôt
Pou casser bateaux.

Albatros

A en croire les vieux loups de mer des côtes normandes et bretonnes, environ un jour avant la tempête, « on voit l'albatros se poser sur les flots comme pour se reposer ». Les marins disent qu' « il prend des forces pour affronter les fureurs du climat ».

Cormoran

Deux remarques nous sont parvenues au sujet du cormoran.
« S'il crie comme le font les enfants, il fera mauvais. »
« Si, par beau temps, les cormorans remontent le cours des fleuves loin dans l'intérieur des terres, la tempête viendra à coup sûr. »

Goéland

Une remarque a été faite, qui s'applique en réalité à tous les oiseaux de la famille des laridés, qui regroupe principalement les goélands, les mouettes et les sternes.
« A terre ou sur l'eau, les goélands au repos se tiennent toujours la tête tournée dans la direction du vent, si faible soit-il, ou même dans la direction d'où le vent va souffler. »

On a aussi observé que, « quand les goélands accompagnent les mouettes en petits groupes, tourbillonnant à faible altitude et avec force piaillements, ils annoncent le froid avec trois jours d'avance ».

Mouette

La mouette est l'oiseau le plus proche du goéland dans la famille des laridés, au sujet desquels une observation a été rapportée page 60.

Plusieurs pronostics concernent la mouette. Il pleuvra « si les mouettes picorent les vers de terre » (Haute-Bretagne). Cette remarque semble valable pour tout autre oiseau : si un oiseau picore les vers de terre, c'est que ceux-ci trouvent vers la surface du sol l'humidité qui leur est indispensable. L'état hygrométrique de l'air laisse donc présager l'arrivée éventuelle de la pluie.

C'est le mauvais temps qui s'annonce quand les mouettes « dansent sur la mer et s'y plongent ». Par ses cris, elle permettrait de prévoir la tempête, selon ce dicton :

Cris de mouettes,
Signe de tempête.

Même prévision si
« elles nagent en criant ;
— elles remontent les fleuves et viennent loin à l'intérieur des terres ».

Cette dernière constatation ne saurait de nos jours avoir le même sens.

Les mouettes et autres laridés savent en effet qu'ils trouveront une nourriture facile dans les déchets de plus en plus abondants produits par notre civilisation. On observe aujourd'hui la présence constante de mouettes à Paris, sur la Seine, et même dans les jardins publics.

De plus, au moment des labours, elles se joignent volontiers à d'autres oiseaux, tels que la corneille, pour picorer les vers que remontent à la surface les socs des charrues.

On dit aussi que « si les mouettes volent au large, il fera beau ».

Enfin, selon les Corses, « quand en hiver, les mouettes viennent planer au-dessus du village, elles annoncent la neige dans les deux jours ».

Pétrel

Cet oiseau de mer est souvent appelé oiseau des tempêtes, par exemple en Picardie et en Bretagne. Une variété porte même le nom de pétrel-tempête. Les marins affirment que le pétrel vole bas, au ras de l'eau, avant l'arrivée du mauvais temps. On a aussi constaté qu'il se réfugie parfois à l'arrière des navires jusqu'à ce que la tempête soit passée.

Plongeon

Une seule prévision se base sur le comportement du plongeon. Virgile la donnait, au premier siècle avant notre ère :

Les plongeons légers, revenant en volant du milieu de la mer, lancent leurs cris vers le rivage lorsque le vent se lève.

Migrateurs

Si le phénomène de la migration des oiseaux a toujours alimenté les conversations paysannes, il a aussi retenu l'attention du monde scientifique, qui en est encore au dépouillement des théories et des suppositions. Il se peut que les oiseaux se guident sur le soleil, les étoiles, les rayons ultraviolets et la lumière polarisée, les basses fréquences de quelque ressac éloigné, les changements de temps, les lignes côtières ou les chaînes montagneuses, et même sur les champs magnétiques et gravitationnels de la terre.

De nombreuses espèces d'oiseaux sont migratrices. Les départs et retours de ces oiseaux sont interprétés comme les présages de la saison qu'ils inaugurent. Ainsi, s'ils partent tôt dans l'année, l'hiver sera rude et précoce ; il sera tardif et doux s'ils s'attardent chez nous. S'ils reviennent tôt, le printemps sera en avance. Mais il ne manque pas de bons esprits pour nier toute relation entre ces faits.

Il ne faudrait pas croire que le scepticisme en cette matière soit l'exclusivité des scientifiques. Il est aussi le fait de la sagesse populaire, qui peut l'exprimer malicieusement, comme dans ce dicton forain :

Si vous voyez passer les oies sauvages,
C'est signe qu'elles sont sous les nuages.

TITANIC

A l'opposé, Bidault de l'Isle énonce plusieurs raisons qui, selon lui, permettent d'établir un rapprochement entre les dates des migrations et celles de l'arrivée des saisons correspondantes. Il nous rappelle que si l'oiseau part plus tôt, « c'est quand et parce qu'il ne trouve plus en quantité suffisante sa nourriture habituelle. La majeure partie des migrateurs sont des mangeurs d'insectes et ces derniers ne sont consommables en grande quantité qu'au moment de leur vie ailée. Durant les autres phases de leur cycle, ils sont cachés dans des endroits souvent inaccessibles aux oiseaux, à l'abri de toutes causes de destruction normales (pluie, gelée, ennemis, etc.). Lorsque viennent les froids, les insectes ailés disparaissent peu à peu et ne circulent plus ; beaucoup ont été surpris par une brusque venue des gelées. Dès le mois d'octobre, en effet, on ne trouve plus guère, au-dehors, de papillons, de libellules, de moucherons ni en général de cette gent ailée qui sillonne l'atmosphère en tous sens à la belle saison.

« La population aviaire, de son côté, s'est enrichie des couvées nouvelles et l'on sait combien est grand l'appétit de l'oiseau. On a calculé que, pour le moins, un insectivore mange quotidiennement son propre poids d'insectes !

« Il est donc rationnel que l'oiseau ait, depuis des millénaires, acquis l'habitude de suivre en latitude le repli qu'impose aux insectes, aussi bien qu'à la verdure qui les abrite, le balancement annuel de la planète.

« Si ce balancement se produit immuablement à dates fixes, ses effets sur l'existence des végétaux et des animaux qui vivent à la surface du sol terrestre peuvent être plus ou moins avancés, ou retardés, par les mouvements aériens, le degré d'humidité, les courants et généralement les mille et une causes qui font que certaines saisons sont plus ou moins froides et plus ou moins précoces pour un même climat ou une même contrée.

« On ne peut donc affirmer, qu'il n'y ait aucune relation entre la date des migrations et la précocité des froids. »

Il serait donc quelque peu hardi d'affirmer que les croyances relatives aux migrations sont erronées, mais il ne faut pas non plus oublier que les circonstances climatiques qui précipitent le départ des migrateurs, peuvent fort bien, quelques jours plus tard, changer radicalement et démentir les promesses des dictons.

Cigogne

La migration des cigognes a fait l'objet de maintes observations, qui sont résumées en un seul dicton, dont l'exactitude se vérifie assez bien.

> *Gertrude amène les cigognes,* (17 mars)
> *Barthélemy vide leur nid.* (24 août)

Il va sans dire que ce dicton provient d'Alsace. La cigogne est cependant présente en d'autres régions. En Belgique, notamment, le petit village de Samain, près de Philippeville, s'enorgueillit du retour régulier des cigognes dans l'agglomération.

Comme pour la plupart des oiseaux migrateurs, le passage des cigognes ouvre les paris à propos de l'arrivée de la mauvaise saison. On dit encore en Alsace :

> *Cigognes à Saint-Barthélemy,*
> *Un doux hiver nous est promis.*

Grue

L'essentiel des observations sur la grue concerne sa migration. Son retour annonce l'arrivée du printemps, lorsqu'elle remonte en avril vers le nord. On dit, par exemple :

« Lorsque les grues et les cigognes arrivent en bandes du sud ou sud-ouest au début du printemps, elles précèdent les bourrasques. »

Leur réapparition en octobre annonce l'approche de l'hiver. On entend souvent dire que leurs vols groupés en direction du sud indiquent une période de froid imminente, et l'on considère que l'hiver viendra d'autant plus tôt que leurs bandes sont nombreuses. Inversement, si leur départ est tardif et leurs vols clairsemés, on compte que l'hiver se fera attendre longtemps encore.

Virgile, les ayant observées, affirmait que :

Les grues amies de l'air s'enfuient au fond des vallées avant la pluie.

La même conclusion était tirée en 1554 par Antoine Mizauld lorsqu'elles *volaient et criaient à grande hauteur.*

On prévoit aussi que le temps sera calme « si les grues s'élèvent paisiblement », mais qu'il y aura tempête « si elles glapissent tumultueusement ».

Hirondelle

L'hirondelle est l'un des migrateurs les plus observés dans nos régions. Probablement sa cohabitation aisée avec l'homme en est-elle la principale raison. Son retour et son départ sont suivis avec attention. Les hirondelles peuvent se présenter dès le mois de mars, si le temps est déjà chaud.

A Saint-Gontran, si la température est belle, (28 mars)
Arrivent les premières hirondelles.
(Picardie)

Mais cela est exceptionnel. Généralement, il faut attendre la fin avril.

Si Saint Georges n'est pas là, (23 avril)
Pas une hirondelle du ciel ne viendra.

L'arrivée des hirondelles est un signe accueilli parfois avec une confiance excessive.

L'hirondelle aux champs
Amène joie et printemps

Quand l'hirondelle fait son nid,
Ne cherchons plus d'abri.

Mais la sagesse populaire sait réfréner cet enthousiasme.

Hirondelle en ce temps
Ne fait pas le printemps.

Et c'est finalement le scepticisme qui a triomphé, comme en témoigne le succès du plus connu des dictons concernant l'hirondelle.

Une hirondelle ne fait pas le printemps.

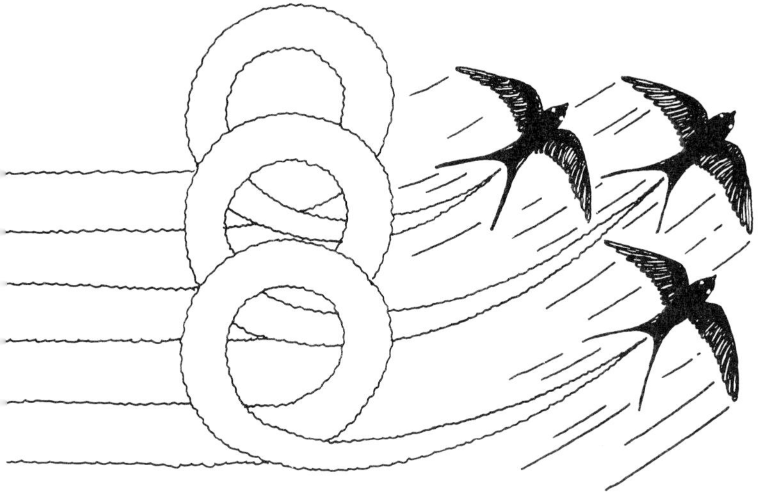

De septembre à octobre, l'hirondelle prend son vol en sens inverse. Les régions les plus septentrionales sont abandonnées les premières.

L'hirondelle en septembre abandonne
Le ciel refroidi de l'automne.

Du premier au huit (septembre)
L'hirondelle fuit.
(Belgique)

La Nativité de la Vierge (8 septembre)
fait fuir les hirondelles.

A l'Exaltation (de la Sainte-Croix, 14 septembre)
Les hirondelles s'en vont.

A la Saint-Michel (29 septembre)
Départ d'hirondelles.
(Picardie)

A Saint-Paulin, (10 octobre)
On compte les hirondelles autour d'Amiens.

Elles sont faciles à compter, car elles restent immobiles et rassemblées en attendant l'envol.

Si elles ne se décident pas à partir, on en conclut que l'hiver viendra tard. En Belgique, la Saint-Michel est une date limite pour la migration. D'où le dicton :

Quand l'aronde voit Saint Michel
L'hiver ne poindra qu'à Noël.

Un départ précipité entraîne naturellement le pronostic inverse :
« Le départ prématuré des hirondelles annonce un hiver rigoureux. » (Dauphiné)

L'hirondelle est l'un des animaux les plus connus en matière de météorologie populaire. Tout le monde sait sans confusion possible que

Hirondelle volant haut,
Le temps sera beau.
Hirondelle volant bas,
Bientôt il pleuvra.

Ce grand principe a été recueilli en des endroits aussi éloignés que l'Ille-et-Vilaine, le Vivarais, la Belgique et la Suisse. Plusieurs dictons se rallient à ce thème :

Si vole bas l'aronde,
Attends que la pluie tombe.

Quand l'hirondelle rase la terre,
Adieu poussière.

ou

Quand les hirondelles volent à terre,
Adieu la poussière.
(Nord)

L'hirondelle rasant la terre,
De la pluie avant-courrière.

Quand l'hirondelle,
A tire-d'aile,
Vole en rasant
La terre et l'eau,
Le mauvais temps
Viendra bientôt.

La majorité des météorologues reconnaissent le bien-fondé théorique de cette observation. L'hirondelle suit tout simplement le déplacement des insectes, qui se rabattent au niveau du sol lorsque le mauvais temps approche, et volent très haut si le beau temps s'installe. La raison de ce mouvement est examinée a propos des **insectes,** p. 87.

Parfois, de puissants courants verticaux provoquent la formation des cumulo-nimbus, générateurs d'orages. Ces déplacements d'air ramènent en altitude les insectes qui volaient encore non loin du sol, attirant aussi les oiseaux qui s'en nourrissent. C'est pourquoi on a remarqué que l'orage menace quand les hirondelles montent dans le ciel et dépassent les couches nuageuses. Cela n'est pas nouveau, car un dicton disait jadis :

Par temps d'orage,
L'hirondelle monte au nuage.

Plusieurs pronostics différents circulent encore à propos de cet oiseau. Virgile écrivait en son temps que la pluie était proche si l'on voyait l'hirondelle criarde voltigeant autour des lacs. Jehan de Brie, au XVIe siècle, était plus explicite :

L'hirondelle volant haut et par loisir à longs traits, cela signifie pluie. Si elle vole hâtivement bas vers la terre, à l'abri des coteaux, des maisons élevées ou des grands arbres, ou encore au ras de la surface de l'eau où elle trempe son ventre, c'est abondance de pluie. Mais si elle s'ébat en l'air en rondes bruyantes et interminables, cherchant les moucherons, cela signifie beau temps.

A Huy, en Belgique, on prévoit aussi la pluie si les hirondelles sortent tôt le matin. Dans le Morvan circule ce dicton énigmatique :

Quand les hirondelles vont le bec devant,
C'est signe de mauvais temps.

Le beau temps est annoncé lorsque « l'hirondelle décrit à une grande hauteur des cercles dans l'air ».
Le vent va se lever, ou même la tempête « si les hirondelles se rapprochent des arbres » (Haute-Bretagne), ou « si elles se tiennent d'un seul côté des arbres, en vue de s'abriter ».

Dans le Midi de la France, plus précisément sur le Causse de Blandas, quand les hirondelles volent haut, le vent du nord est annoncé. Ce vent est le plus souvent sec dans cette région.

Les hirondelles passent aussi pour prévoir longtemps à l'avance la tournure des saisons :
« L'été sera sec si elles bâtissent leurs nids le long des eaux, pluvieux si elles les placent au bord des corniches. » (Ardenne)
Les connaissances actuelles ne permettent pas de faire confiance à ces prévisions.

Oie sauvage

Une petite mention est accordée à l'oie sauvage, à l'occasion de son passage dans nos cieux au début novembre :

> *A la Saint-Hubert,* (3 novembre)
> *Les oies sauvages fuient l'hiver.*

Cette migration ouvre la porte aux spéculations à propos de l'hiver maintenant proche. En Provence, comme un peu partout, on pense généralement que « les oies en forme de V marquent du froid ».

Rappelons ce dicton, inventé par les incrédules pour se moquer des pronostiqueurs trop confiants :

> *Si vous voyez passer les oies sauvages,*
> *C'est signe qu'elles sont sous les nuages.*
> (Borinage)

Sauvagine

> *A Sainte-Irmine* (24 décembre)
> *Passe la sauvagine.*

Le terme de *sauvagine* désigne tout oiseau sauvage (de mer, de rivière ou de marais) dont la chair a le goût « sauvagin ». Les sauvagines migratrices sont toutes passées la veille de la Noël. Il faudra se contenter des espèces sédentaires.

Pluvier

Le pluvier est un oiseau migrateur dont le court séjour en Belgique et en France ne passait pas inaperçu. Sur les bords de la Meuse, le passage du pluvier était considéré comme le signe de l'arrivée d'une vague de froid dans les deux jours. Son apparition faisait aussi prédire la pluie en diverses régions.

Reptiles et batraciens

Grenouille

Il s'agit de l'animal le plus populaire de la météorologie de nos ancêtres. Les dictons sont très nombreux et proviennent de toutes les régions.

On n'entend pas la grenouille en hiver, mais on en parle déjà, du moins en Picardie :

> *Quand il fait froid à Sainte-Bathilde la Reine* (30 janvier),
> *Une fois l'an à la Pentecôte chantent les raines.*

Il est difficile d'accorder quelque crédit à ce dicton, puisqu'il fait allusion à une fête mobile du calendrier, qui peut varier du 10 mai au 13 juin d'une année à l'autre.

Si une période très douce survient en hiver ou au début du printemps, la sagesse populaire pense qu'elle se payera très cher par la suite. Ce principe ne se révèle pas toujours exact, bien évidemment. C'est pourtant lui qui inspire le dicton suivant, qu'il ne faut donc pas prendre pour argent comptant :

> *Avant Bonne-Dame de mars,* (l'Annonciation, le 25 mars)
> *Autant de jours les raines chantent,*
> *Autant par après s'en repentent.*

On peut cependant faire état de points de vue moins pessimistes :
« Quand les grenouilles chantent en mars, le beau temps est revenu. » (Lozère)

Quand les grenouilles coassent,
Point de gelées ne menacent.

Mais c'est plutôt au cœur de l'été que se font entendre ces batraciens mélomanes, comme en témoigne cette formule :

A la Saint-Barthélemy, (24 août)
La grenouille sort de son nid.

Si vous désirez vous fier à la grenouille pour prévoir le temps, le principe est simple :

S'il doit faire beau la grenouille
Coasse au bord des étangs.
Du fond la vase elle fouille
S'il doit venir du mauvais temps.

Pour plus de détails, ajoutons les sentences qui lui font annoncer la pluie :
« Les grenouilles qui chantent, la cheminée qui fume prouvent que le temps veut changer. » (Provence)
« Les grenouilles prennent de bruyants ébats dans les mares lorsque la pluie arrive. » (Vosges)
« Lorsque la grenouille chante, le temps change. »

Si l'arnouille croatte,
Le temps se déboîte.

La rainette de sortie
S'en va chercher la pluie.

Il pleut, il mouille,
C'est la fête à la grenouille.

Grenouilles qui coassent le jour,
Pluie avant trois jours.

Si chantent fort les grenouilles,
Demain le temps de Gribouille.

Si la grenouille appelle
Rigot, rigot, rigot,
Il pleuvra sur la plaine
A tire-larigot.

On dit aussi à Mauguio, dans l'Hérault :
« Lorsque les grenouilles chantent, elles appellent la pluie. »

De nombreuses attitudes de ce batracien sont censées appeler la pluie :
« Les grenouilles chantent le soir (Languedoc) ;
— elles jacassent plus qu'il ne faut (Provence) ;
— elles paraissent en quantité ;
— elles sortent de l'eau dans la soirée ;
— elles recherchent les creux des arbres ou des maisons (Ardenne) ;
— elles montent aux arbres » (Languedoc).

Virgile déjà affirmait que

De la vase les grenouilles font entendre leur antique complainte avant la pluie.

On disait en France, dans la région de Briare :

Quand chantent les grenouilles de Poinchaux,
Aiguisez les faux.

En effet, la pluie, annoncée par la grenouille, fera pousser une herbe abondante.

La grenouille permet parfois d'annoncer le beau temps ; certains tirent d'ailleurs cette conclusion des mêmes signes qui ont fait annoncer la pluie par d'autres. On entend parfois dire qu'il fera beau si « les grenouilles coassent le soir » ou si « elles coassent toute la nuit », ou si « elles grimpent le long des arbres et des arbustes ».
Quand les grenouilles chantent le soir, il fera beau le lendemain » dit-on en Bourgogne ; « le matin », précise-t-on en Belgique.
Et même, on annonce l'orage « lorsque les grenouilles s'arrêtent brusquement de coasser » (Namur).
Alors, à qui se fier ? Certes, les batraciens apprécient l'humidité. Lorsqu'ils quittent leur mare, ne faut-il pas en conclure que l'humidité relative de l'air est très élevée ? Le météorologue consultant sa grenouille juchée sur son échelle dans un large bocal fait partie des clichés bien connus. Pour en avoir le cœur net, un savant autrichien, le professeur

Drainer, a pris la peine d'observer pendant 48 jours 10 grenouilles dans son laboratoire. Pour ce qui concerne la pression atmosphérique, leurs indications ont été correctes 26 fois, mais fausses 22 fois. Pour l'humidité de l'air, elles se sont trompées 26 fois. Les 19 jours où la pluie est tombée, elles avaient annoncé 12 fois le beau temps.
C'est bien dommage, car la grenouille eût été une bien charmante compagne pour les Monsieur Météo en herbe.

Crapaud

Le crapaud fait entendre sa douce mélodie en été et dans l'arrière-saison. Si le temps se montre particulièrement clément à un autre moment de l'année, il pourra arriver que vous l'entendiez. Auquel cas ce chant sera de mauvais augure pour les cultures en tout genre, qui n'auront pas subi l'assaut du froid dont elles ont grand besoin, en fonction de ce que certains appellent les *cycles circadiens* et d'autres le *thermopériodisme annuel*. Le dicton suivant exprime donc une inquiétude justifiée :

Quand le crapaud chante en janvier,
Serre ta paille, métayer.
(Ariège)

D'autres traditions se bornent à constater que « si le crapaud chante en février, il a l'hiver derrière lui », ou que « les crapauds qui prennent leurs ébats avant la Saint-Georges (23 avril) rentrent sans tarder et restent cachés pendant six semaines » (Vosges).

D'autres dictons sont plus confiants :

Quand les crapauds chantent,
Le beau temps s'avance.

Le chant d'amour se fait surtout entendre au début de septembre. Oh ! que cet hymne suave semble doux aux oreilles des privilégiés qui logent non loin d'une mare accueillante ! S'il fait sec en août, les parades commenceront plus tôt, ce qui laisse présager une excellente maturation pour les fruits d'automne.

Crapaud qui chante,
Pomme à l'ente.

« Si les crapauds font musique avant le 15 août », dit-on, « on ne les verra plus sauter avant fin septembre ». Donc, il fera sec durant tout ce temps, car le crapaud qu'on voit sauter annonce la pluie.
En effet, la nature négative de l'homme lui fait voir dans le coassement et les ébats amoureux du gracieux batracien le signe de l'arrivée ou de la persistance de la pluie. Plusieurs dictons le proclament :

Chante crapaud,
Nous aurons de l'eau.
(Picardie)

Quand le crapaud prend sa voix haute,
Nous aurons de la pluie sans faute.
(Provence)

Saute crapaud,
Nous aurons de l'eau.
(Auvergne)

Saute crapaud, voici la pluie.
(Provence)

On dit aussi qu'il pleuvra ou qu'il fera mauvais si
« les crapauds coassent ou sortent de leur trou dans la journée (Midi) ;
— ils chantent à la tombée de la nuit (Dauphiné) ;
— ils sortent en grand nombre sur les chemins (Belgique) ;
— ils sortent de leurs cachettes et envahissent les chemins en pente (!) » (Vosges).

Les avis divergent pourtant, car on dit ailleurs :

Crapaud qui chante soleil promet.

Dans le Bourbonnais, on estime qu'il fera beau si, les soirs de printemps et d'été, on entend « le concert que mènent après le coucher du soleil les *ralés* ou *roines*, et les *lupauds* » (c'est-à-dire les rainettes et de petits crapauds). Dans certaines régions de Belgique, on dit que le crapaud qui « siffle » annonce le beau temps.

L'Ardenne accorde une petite note d'attention particulière au crapaud dit « accoucheur ». Il annonce le beau temps « s'il *glottore* la nuit », et la pluie « s'il chante le jour ».

Il est de fait que tous les batraciens apprécient beaucoup l'humidité. (Voir à **grenouille,** p. 71.) S'ils se hasardent assez loin de leur mare, il est donc logique de conclure à une hausse sensible de l'humidité relative de l'air, et donc à l'arrivée de la pluie.

Salamandre

On croyait autrefois que ce batracien pouvait vivre dans le feu. De là à en faire une créature du Diable, il n'y avait qu'un pas, que les esprits crédules du Moyen Âge ont franchi sans hésitation. En réalité, on a constaté que la salamandre sécrète un produit qui atténue l'action de la chaleur sur son organisme, sans le protéger, bien entendu, des brûlures d'une flamme.

Dans les Vosges, la salamandre a fait l'objet de plusieurs observations. On y a constaté qu'elle ne sort de sa léthargie hivernale que lorsqu'il fait suffisamment doux :
« Les lézards d'eau rabâchent leur chanson au retour du beau temps. »

Si ce temps doux se présente avant le 23 avril, jour de la Saint-Georges, les gelées nocturnes des divers saints de glace risquent de faire mal. C'est ce qui a motivé la formule suivante :
« Si la salamandre terrestre sort de son trou avant la Saint-Georges, elle y retourne pour s'y tenir enfermée aussi longtemps qu'elle se sera montrée avant ce jour. »

En Belgique, on annonce la pluie lorsqu'on voit les salamandres, et l'orage quand « elles font entendre le soir leur cri de clochette ».

Lézard

Si le lézard apprécie beaucoup la chaleur, il est notoire qu'une certaine humidité lui est indispensable. C'est pourquoi il se réfugie volontiers sous les pierres. Cette prédilection pour l'humidité lui a valu la réputation d'annoncer la pluie, quelque attitude qu'il adopte. Ici, on dit qu'il pleuvra « si le lézard se promène sur les routes » ; là, on annonce mauvais temps, pluie ou orage « si les lézards se cachent »...

Serpent

Les serpents restent endormis tout l'hiver et se manifestent de nouveau lorsque vient le printemps.

A la Saint-Mathias, (24 février)
Les vlins sortent de la has. (= Les serpents sortent de la haie.)
(Ille-et-Vilaine)

Le plus souvent, ils sortent à l'époque des giboulées. On l'a observé dans diverses régions :

« Lorsque les serpents sortent de leur trou le mauvais temps arrive. » (Dauphiné)

« Serpent qui sort en avril annonce la pluie. » (Causse de Blandas)

Couleuvre

Un seul dicton cite la couleuvre :

Quand la couleuvre traverse le chemin,
Orage avant demain matin.

C'est aussi la pluie qu'elle annonce si
« elle rampe et se montre pendant la journée ;
— dans les buissons ou au bord des marais, elle se fait entendre par beau temps ».
Si vous vous posez la question de savoir quel bruit émet la couleuvre, sachez qu'il ressemble à celui de la grenouille, mais en plus monotone et moins dense.

Ces observations sont liées à l'affection particulière que portent les serpents à l'humidité. Elles datent d'un temps où les serpents faisaient en quelque sorte partie du paysage. La première réaction de la plupart de nos contemporain(e)s est probablement de détaler à toutes jambes, plutôt que de se perdre en conjectures météorologiques.

Animaux aquatiques

Poisson

Le poisson, son comportement général, ses mœurs, ont été particulièrement observés par le pêcheur marin, qui tire de lui toute sa subsistance. Le pêcheur d'eau douce a plutôt constaté les relations entre ce comportement et les conditions météorologiques.

Le poisson est particulièrement abondant de septembre à avril. C'est surtout cela qui a déterminé le dicton suivant :

Si les mois ne sont errés (= avec un « r »),
Le poisson ne mangerez.

Ce sont par contre des motivations strictement religieuses qui ont donné naissance au dicton, depuis abandonné par l'Église :

Entre Pâques et Rogations,
Fi de poisson et d'oignon.

Le pêcheur marin guettait avec anxiété les signes annonciateurs de l'importance de sa pêche. Le cultivateur n'en faisait il pas autant à propos de la future moisson ? Plusieurs indices étaient mis à contribution :

« Si dans la nuit de la Saint-Sylvestre le vent souffle du sud, l'année sera chaude et prospère ; s'il vient de l'ouest, on aura abondance de lait et de poisson ; s'il vient du nord, tempêtes et fortes vagues de froid ; de l'est, les arbres seront chargés de fruits ; mais s'il souffle du nord-est, de grandes calamités sont à craindre. »

Hiver de pluie,
Eté de poissons bleus.
(Sète)

Vent du nord,
Poisson dans tous les ports.

Si le dernier dicton peut découler de l'expérience des vieux loups de mer, les premiers sont probablement à imputer à une croyance superstitieuse.

En eau douce, le comportement du poisson a été soigneusement étudié, mais les résultats restent parfois contradictoires.

Le poisson qui saute hors de l'eau annonce le mauvais temps : pluie ou orage. C'est l'opinion la plus répandue. Pourtant, dans certaines localités de Belgique, ce même comportement est censé prédire le beau temps, alors qu'à quelques kilomètres de là, on est d'avis contraire. En Basse-Bretagne, on a remarqué ceci :
« Deux ou trois jours avant le gros temps, les poissons mordent comme des affolés ; quand il se gâte, ils n'approchent plus des lignes. »

Tout bien considéré, les faits semblent confirmer la constatation faite par de nombreux pêcheurs chevronnés : le poisson nage près du fond de l'eau lorsqu'il fait beau. Il évolue près de la surface avant le mauvais temps. Plusieurs explications peuvent éclairer cette remarque. Nous en retiendrons deux. D'une part, les poissons cherchent les insectes rabattus au niveau de l'eau (voir à **insectes,** p. 87). En outre, d'après plusieurs recherches, les variations de pression atmosphérique modifient la concentration de l'eau en oxygène dissous. Par haute pression (= beau temps), le poisson cherche cet oxygène près du fond, et près de la surface par basse pression (= mauvais temps).

Alose

Ce poisson marin, voisin du hareng, est migrateur. Au printemps, il remonte nos rivières pour frayer. Il repart en avril/mai, au moment de la floraison de l'aubépine. Aussi dit-on :

A l'épine fleurie,
Adieu alose ma mie.

Saumon

Le saumon est connu lui aussi pour sa faculté de vivre en eau salée et en eau douce. Il remonte les cours d'eau pour déposer ses œufs, de novembre à janvier, dans ses lieux de frai habituels. Le saumon figure donc au menu lorsque commence la période du Carême, qui commence le Mercredi des Cendres (dont la date varie du 4 février au 10 mars). C'est pourquoi l'on dit :

En Carême, saumon et sermon
Sont de saison.

Carpe

Un seul dicton à son sujet.

La carpe saute,
De l'eau sans faute.

Lorsque la carpe saute hors de l'eau, elle essaie d'attraper les moucherons et autres insectes qui volent au ras de la surface, signe de mauvais temps prochain (voir à **insectes,** p. 87).

Truite

Le frai de la truite donne lieu à diverses prédictions à propos de la saison prochaine :

« Quand le frai de la truite commence de bonne heure, c'est un signe d'hiver prématuré. »
On dit aussi dans les Vosges :
« A la Saint-Nicolas (6 décembre), si les truites qui fraient suivent le milieu de la rivière, l'hiver sera sec ; si elles suivent le bord, l'hiver sera humide. »

En Belgique, on prévoit l'orage lorsque les truites ne « moucheronnent pas ».
Cette dernière prédiction semble contredire les nombreuses observations rapportées à propos des poissons sautant hors de l'eau.

Hareng

Les Picards ont noté soigneusement le moment habituel du retour des harengs au large de leurs côtes. Ils disent :

A Saint-Savinien (19 octobre)
Arrivent les harengs.

RICARD

Grondin

Quand le grondin gronde, il faut rentrer au port.

Il ne nous a pas été possible de déterminer dans quelles circonstances le grondin, poisson également appelé rouget, peut « gronder », et comment ce grondement se manifeste !

Roué de mer

Ce poisson, voisin du rouget, fournit un présage aux marins observateurs :
« Quand le roué de mer bat de la queue sur l'eau, c'est un présage de vent. »

Si cette observation est correcte, son explication doit être celle qui est évoquée, p. 80, à propos de la profondeur à laquelle nagent les poissons.

Sardine

La pêche à la sardine passe par un creux au cœur de l'hiver. A la fin novembre, ce poisson quitte nos côtes, pour revenir début février. D'où le dicton :

A la Sainte-Catherine, (25 novembre)
Les sardines tournent l'échine.
A la Saint-Blaise, (3 février)
Elles reparaissent.

Requin

Un dicton originaire de la région de Menton a parfois été mal interprété :

Requin qui perd la tête,
Tempête.
Requin qui se défend,
Grand vent.

Il ne s'agit pas de l'affolement du requin, mais plutôt de sa réaction lorsqu'on lui tranche la tête. S'il continue à se débattre vigoureusement, les marins y voient un présage de tempête.

Aux îles Bermudes, l'huile de requin sert à prévoir l'arrivée d'un cyclone. Cette huile recueillie dans un récipient en verre laisse bientôt apparaître un dépôt. Ce dernier se met en mouvement deux ou trois jours avant le cyclone et prend la forme d'un cône. En outre, la pointe du cône indiquerait la direction d'où viendra le vent. Cette croyance, aux apparences naïves, jouit cependant d'un tel crédit que l'on vend des gadgets utilisant ce principe, à l'usage des insulaires et des navigateurs.

Anatife

L'anatife est un petit crustacé qui se fixe aux objets flottants sur la mer. D'après les marins de plusieurs régions, les débris de navires couverts de nombreux anatifes annoncent que l'hiver prochain sera rude, mais qu'il sera suivi d'une année où les récoltes seront abondantes. Cela en vertu du principe qu'un hiver rude annonce de bonnes récoltes (voir p. 219).

Argonaute

Il s'agit d'un petit mollusque céphalopode, dont l'apparition annonce aux marins un petit vent doux ou le retour du calme après la tempête.

Pieuvre

Les marins estiment qu'il y aura du grand vent s'il voient la pieuvre se réfugier au fond de la mer et s'attacher fermement aux petits rochers.

Seiche

Plutarque, écrivain grec des Ier et IIe siècles de notre ère, affirmait qu' « avant l'ouragan, la seiche paraît à la surface ». C'est un témoignage unique en son genre, mais peut-être pas dénué de fondement. Pendant la tempête, l'animal cherche le calme en profondeur, mais la forte baisse de pression atmosphérique qui précède l'ouragan peut l'attirer à la surface.

Crabe

Avant l'arrivée de la tempête, les crabes, dit-on, saisissent des pierres entre leurs pinces ou s'enfoncent dans le sable, de peur d'être rejetés loin sur la plage.
Les Bretons prévoient un été chaud lorsqu'ils remarquent de grandes concentrations d'« araignées de mer », ces crabes aux très longues pattes.

Écrevisse

Les écrevisses passent l'hiver bien cachées dans un trou de leur rivière. Elles ne sortent que lorsque la température redevient clémente, au printemps. C'est pourquoi l'on dit en Picardie :

Quand il fait doux à Saint-Patrice, (17 mars)
De leur trou sortent les écrevisses.

En Ardenne, on prévoit la pluie si les écrevisses abandonnent les ruisseaux et se promènent à reculons. Il faut remarquer à ce propos que l'écrevisse ne *marche* jamais à reculons. Si on la voit se déplacer ainsi dans l'eau, c'est qu'en réalité elle *nage* près du sol à reculons.

Sangsue

A l'état sauvage, ce ver annélide nous fournit un précieux pronostic, si l'on en croit cette formule entendue à Namur :
« Il pleuvra si les sangsues se tiennent à fleur d'eau. »

De son côté, la sangsue médicinale gardée vivante en bocal n'est pas avare de prédictions, qui ne doivent pas être rejetées à priori :
« Si la sangsue reste au fond de son bocal : tempête prochaine ;
si elle est roulée en spirale : beau temps ;

si elle se recroqueville en hiver : gelée ;
si elle monte à la surface : pluie ;
si elle se colle à l'ouverture : neige ;
si elle s'agite sans cesse : vent fort ;
si elle se tient hors de l'eau et remue violemment : orage. »

Il se peut fort bien que la profondeur à laquelle la sangsue demeure revête la même signification qu'à propos des poissons (voir p. 80). En effet, la pression atmosphérique modifie quelque peu la teneur de l'eau en oxygène dissous. La basse pression augmente sa proportion près de la surface, la haute pression la ramène vers le fond. Est-ce là la raison de ce déplacement de la sangsue dans son bocal ?

Baleine

Un dicton circule sur les mers françaises :

Sauts de baleine,
Grosse bise prochaine.
Mais sauts plus hauts,
Tempête au plus haut.

On mesurait, paraît-il, l'intensité de la tempête annoncée à la hauteur des sauts de la baleine. Logiquement, il semblerait de prime abord que la baleine devrait se réfugier dans les profondeurs pour ne pas risquer d'échouer sur une plage, poussée par la tempête. Mais le comportement animal suit-il forcément les critères de raisonnement humain ?

Marsouin

Ce cétacé permet d'annoncer une augmentation du vent :

Marsouins sautant
Annoncent le vent.

Les marsouins sont très souvent
Du côté d'où viendra le vent.

On dit aussi qu'ils se rapprochent du rivage et bondissent hors de l'eau lorsque doit venir le mauvais temps.

Insectes et petits animaux

Il semble que, dans le monde des animaux, les insectes soient, plus que les autres, contraints par leur fragilité de prévoir les humeurs du climat. Ils déterminent à leur tour le comportement des animaux dont ils constituent la nourriture : les oiseaux, les mammifères fouisseurs, les araignées, les poissons, etc. Connaître leurs réactions face aux changements de temps aide à interpréter correctement les diverses attitudes observées.

D'une manière générale, les insectes volent en altitude lorsque le temps doit rester beau, et ils volent au ras du sol et de l'eau, ou se réfugient à l'abri s'il doit faire mauvais. C'est pourquoi de nombreux oiseaux, comme l'hirondelle, volent haut avant le beau temps et bas avant la pluie ; le poisson saute hors de l'eau avant la pluie ; l'araignée au travail le matin annonce la pluie, etc.

Pourquoi les insectes adoptent-ils ce comportement ? Au moins deux explications ont été avancées. L'une et l'autre ont leurs partisans, tous aussi compétents. Selon les uns, les insectes volent bas lorsque leurs ailes sont alourdies par un accroissement d'humidité de l'air, lequel présage le plus souvent l'arrivée de précipitations.
Selon d'autres spécialistes, les insectes sont très sensibles à la pression atmosphérique. En effet, ils respirent par des trachées dépourvues de muscles respiratoires. L'air y pénètre par pression, selon le principe de Pascal. Lorsque la pression atmosphérique est élevée, les insectes montent pour échapper à la surpression. Le beau temps est généralement associé à la haute pression. S'il y a dépression, les insectes redescendent au ras du sol et des eaux, tandis que le mauvais temps menace.
Si le débat reste ouvert sur les causes du phénomène, sa réalité est cependant rarement contestée.

Mouche

Les mouches apparaissent lorsque la température est suffisamment élevée. C'est pourquoi l'on peut dire :

Ni été sans mouches, ni hiver sans gel.

Il arrive pourtant que d'autres saisons voient voler la mouche. Il s'agit alors d'une conséquence d'un temps excessivement doux, qui peut avoir des résultats fâcheux ou heureux. En hiver, le temps trop doux ne permet pas à la gelée de respecter le thermo-périodisme annuel des plantes, et notamment de l'herbe, qui risque d'être pauvre en graines. Le paysan a donc un peu raison de prononcer cette mise en garde :

Si les mouches dansent en janvier,
Ménage ton foin et ton grenier.

En janvier, si les mouches ont dansé au jardin,
Ne gaspillez pas le foin.

Par contre, à la fin d'octobre, la présence des mouches est rassurante. Elle permet d'attendre encore avant de rentrer le bétail à l'étable, ce qui évitera une consommation trop longue de foin. C'est pourquoi,

Quand on voit des mouches à la Saint-Simon, (28 octobre)
Les fermiers peuvent chanter une chanson.

Les premiers froids font un véritable massacre parmi les mouches que les oiseaux et les insecticides avaient épargnées. Suivant la date de l'arrivée de ces froids, les dictons suivants trouveront leur application :

A la Saint-Firmin, (25 septembre)
On attrape les mouches à la main.
(Picardie)

A la Saint-Crépin, (25 octobre)
La mort aux mouches.
(Suisse)

A la Saint-Crépin,
Les mouches voient leur fin.

A la Saint-Simon, (28 octobre)
Une mouche vaut un pigeon.

ou même

Mouche vaut mouton.

Une mouche à Noël vaut une bécasse.

Ces derniers dictons indiquent plaisamment le « prix » que la rareté de ces insectes leur confère en cette saison.

Les gens de la terre affirment par ailleurs que le comportement des mouches permet de prédire bien des choses à propos du temps. Le plus connu de ces pronostics est résumé par le dicton suivant :

Les mouches et les taons
Piquent avant le mauvais temps.

Plusieurs autres régions nous livrent cette même remarque sous d'autres formes :

« Les mouches assoiffées piquent lorsque le temps va être mauvais. » (Dauphiné)

« Quand les mouches, abeilles, frelons piquent et deviennent insupportables, c'est signe de mauvais temps. » (Gard)

L'activité des mouches devient plus fébrile et agitée au fur et à mesure qu'approche l'orage. Ce sera le cas lorsque
« elles piquent dès le matin (Vosges) ;
— elles piquent et s'acharnent plus que de coutume (Provence) ;
— par temps chaud, les mouches envahissent tout à coup les maisons ;
— elles sont plus agaçantes et importunes que de coutume » (Belgique).

Un certain Montessus de Ballore rapportait une observation personnelle dans la revue *La Nature* du 15 septembre 1933 : par temps chaud, alors que le baromètre s'obstinait au « beau fixe », les maisons furent brusquement envahies de nuées de mouches. Deux heures et demie plus tard apparurent les premiers éclairs ; le baromètre ne réagit que trois heures après les mouches. La pluie et l'orage survinrent cinq heures plus tard.

Diverses explications ont été avancées. Pour les uns, ces charmantes bestioles sont attirées par notre transpiration qui augmente lorsque l'air devient plus chaud et plus humide à l'approche de l'orage. D'autres disent que ces insectes, rabattus au sol par la baisse rapide du baromètre (voir à **insectes,** p. 87), ressentent le besoin de se rafraîchir en absorbant un breuvage par ailleurs très nutritif — notre sang.

Les « mouches » dont il est question dans l'adage suivant sont en réalité des moucherons, qu'on voit parfois voler en nuées épaisses :
« Il fera beau si les mouches tourbillonnent en nuages au couchant. »
Voir à ce propos l'explication fournie pour **l'éphémère,** p. 94.

Taon

Cet insecte particulièrement agaçant et à la piqûre douloureuse n'annonce que de mauvaises choses. Il se trouve associé à sa comparse la mouche dans le dicton suivant :

Les mouches et les taons
Piquent avant le mauvais temps.

Le taon annonce l'orage quand
« il s'attache à la peau de l'homme ;
— il pique avec rage ».

Cette surexcitation du taon à l'approche de l'orage s'explique de la même façon que pour la mouche. Elle entraîne à son tour l'agitation du bétail, qui réagit vivement aux piqûres des taons. Si la piqûre est particulièrement douloureuse, l'animal part au galop droit devant lui, la queue en trompette (voir à **bovins,** p. 115) ; on dit qu'il a « pris la mouche ».

Un dernier dicton, aux apparences superstitieuses, prétend :

Pluie de Saint-Jean (24 juin)
Tue les taons.

Moustique

« Quand les moustiques des fosses voltigent le soir en colonnes denses, c'est signe de mauvais temps. » (Gard)
C'est effectivement des nappes d'eau stagnant dans les creux ou « fosses » que proviennent souvent les moustiques.

D'autres régions du Languedoc expriment cette idée différemment :
« Quand les moustiques *font la scie*, il va pleuvoir. »

Enfin, en Hesbaye et en Condroz, régions de Belgique, on annonce de l'orage quand « ils piquent furieusement ».

Ces prévisions sont basées sur l'activité accrue des insectes lorsque la température s'élève. Les remarques énoncées à propos de la mouche peuvent aussi expliquer ces observations du comportement du moustique.

Cousin

On prétend à Huy (Belgique) qu'il y a menace d'orage lorsque les cousins s'attachent à la peau de l'homme.

Bête d'orage

Ce nom populaire donné à un petit insecte de l'ordre des Thysanoptères, dont la dénomination savante est *Thrips cerealium*, est un dicton à lui tout seul. L'abaissement de la pression atmosphérique et l'augmentation de l'humidité de l'air, phénomènes caractéristiques du temps orageux, sont des conditions idéales pour le vol de ces insectes.

Puce

L'expérience nous manque pour analyser le dicton suivant, originaire des Vosges :
« Quand les puces piquent dès le matin, l'orage ne tardera pas à éclater. »
Le chapitre consacré à la **mouche** (p. 88) contient une explication de ce phénomène.

Puceron

Un seul dicton cite le puceron :

Année de pucerons,
Année de houblon.

Il semble que les conditions climatiques favorables au puceron le soient aussi au houblon.

Cigale

Un seul dicton nous est connu, probablement originaire du Midi, où abonde la cigale :

Quand septembre est venu, si la cigale chante,
N'achète point de blé pour le remettre en vente.

Si le temps est encore doux en septembre, la cigale se fera encore entendre. En ce mois ont lieu les premiers labours. La clémence du temps retardera le refroidissement du sol, ce qui accélérera la levée du grain, de sorte que les gelées ultérieures risqueront de causer quelques dégâts. Bien entendu, des conditions défavorables, surtout au début du cycle de la vie de la plante, peuvent être largement compensées par la suite.

Criquet

Un dicton originaire du Vivarais annonce fièrement :

Quand le criquet chante dans les prés,
C'est signe que le froid est fini pour l'année.

Peut-être trouvons-nous de nouveau la confusion entre la cause et l'effet. Le criquet se manifeste au printemps lorsque la température du sol est suffisamment élevée. Il faut que le sol soit sec et que le soleil l'ait amené à une température correcte, si bien que le froid fait alors partie du passé.

Grillon

Un dicton de septembre nous avertit en ces termes :

Si le grillon chante,
N'achète point de blé
Pour le remettre en vente,
Ou tu seras blâmé.

Si le grillon se remet à chanter en septembre, c'est qu'il fait anormalement chaud. Le paysan y voyait le signe de mauvaises récoltes à prévoir. Il fallait donc conserver chez soi le maximum de grain. Pourtant, une belle arrière-saison semble n'avoir jamais nui aux cultures céréalières. Mais le principe de l'épargne n'en devient pas pour autant caduc, quelque temps qu'il fasse en septembre.

Il paraît que

Si le grillon chante, plus de gelées à craindre.

Quand le " grézillon " chante, signe de beau temps.
(Ille-et-Vilaine)

Il est exact que le grillon ne sort du sol que si la température est suffisamment élevée. Il faut donc qu'il y ait eu une période de temps doux.

En Belgique, « le grillon annonce le beau temps
— s'il *grésillonne ;*
— s'il *grillotte* d'une façon plus aiguë. »
Il en est de même « si les grillons se font entendre sans interruption et en grand nombre pendant la journée ».

Dans le Berry, « le grillon qui construit l'entrée de son terrier vers le sud annonce un hiver rigoureux ; s'il l'oriente vers le nord, l'hiver sera doux ».

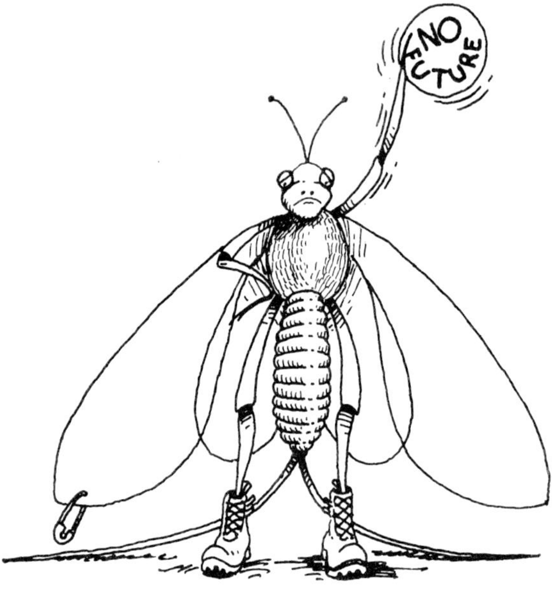

Éphémère

On dit en Provence que « si les moucherons se rassemblent avant le coucher du soleil et ne cessent de tournoyer, plus épais que cheveux en tête, ils marquent du beau temps ».

Ailleurs, on prétend qu'une vague de chaleur nous atteindra s'ils s'abattent en nuages innombrables auprès des rivières.

Cette observation semble être fondée, avec cette seule réserve que c'est plus probablement la chaleur qui provoque l'irruption des éphémères, et non l'inverse. En effet, la mue de leurs larves est favorisée par le beau temps.

Libellule

On ne trouve les libellules qu'à proximité d'un plan d'eau. On peut donc s'attendre à voir souvent ces gracieux insectes, dont la larve est très appréciée des pêcheurs, raser la surface de l'eau. Le dicton suivant, originaire des Vosges, est donc sujet à caution :
« Les libellules rasent la surface de l'eau lorsque la pluie arrive. »

Bousier

Les insectes coléoptères de ce groupe quittent leur terrier après le coucher du soleil, pour commencer leur labeur si utile. On sait qu'ils creusent un trou en dessous des cadavres des petits animaux, pour finalement les enfouir complètement. Cette œuvre sanitaire s'effectue idéalement lorsque l'air est calme et la température douce. L'espèce dite géotrupe a été particulièrement observée.

Ainsi, à Moha, en Belgique, on dit que les géotrupes se montrent en grand nombre dans la soirée, lorsque le temps est au beau.

L'entomologiste Jean-Henri Fabre s'est appliqué à étudier ces insectes. En accord avec la tradition populaire, il conclut que « les géotrupes volant bas le soir, très affairés et rasant la terre, sont signe de beau temps pour le lendemain ».

Carabe doré

Une superstition tenace protège le carabe doré, appelé aussi jardinière. On dit à Namur et dans le centre de la Belgique, mais probablement aussi un peu partout, que l'écraser provoque des pluies continuelles.

Coccinelle

La remarque suivante, recueillie dans les Vosges, est connue dans toutes les autres régions.
« Les bêtes à bon Dieu qui sautillent de fleur en fleur présagent le beau temps. »

Les enfants de partout ont aussi l'habitude de laisser se promener une coccinelle sur leur main. Ils la guident jusqu'au bout du doigt, qu'ils dressent ensuite en prononçant une formulette qui invite la bête à bon Dieu à s'envoler. Si elle obéit, il fera beau. Si elle refuse, la pluie viendra. Une superstition identique à celle du carabe doré protège ce charmant insecte : écraser une coccinelle amène la pluie.

Il est heureux que l'homme ait pris cette « demoiselle » ailée en sympathie, car son utilité ne fait aucun doute. Citons seulement son goût prononcé pour les pucerons, qu'elle ingurgite en quantité impressionnante. Quant à la valeur de ses prédictions, personne n'en a jamais douté, n'est-ce pas ?

Courtilière

On l'appelle aussi la « taupe-grillon ». Cet insecte vit dans des galeries souterraines, dont elle sort parfois la tête pour, semble-t-il, « goûter » l'air de ses antennes. Quand on la voit ainsi quitter sa galerie, on prévoit l'arrivée de la pluie.

Il paraît aussi que l'hiver sera rude si, dès l'automne, elle s'enfonce profondément dans la terre. C'est en tout cas ce que l'on affirme en Belgique.

Hanneton

On ne connaît plus guère cet insecte, dont les larves étaient tant appréciées des taupes, et qui sortait de terre aux premières chaleurs. On disait en Picardie :

> *A Saint-Fortuné,* (1er juin)
> *Grande hannetonnée.*

Une année riche en hannetons était promesse de bonnes récoltes en tout, sauf en raisins. Divers dictons l'affirment :
« Si les hannetons sont nombreux, les pommes de terre seront très abondantes. » (Luxembourg)
« Si l'année a produit beaucoup de hannetons, il y aura beaucoup de châtaignes. » (Angoumois)
« Quand la larve du hanneton ne sort pas de terre, l'année sera mauvaise en sarrasin. » (Bretagne)

Année de hannetons,
Année de grenaisons.
(Artois)

Grande hannetonnée,
Petite vinée
Et grande pommée.
(Ile-de-France)

Année de hannetons,
Année de prunes.

Année hannetonneuse,
Année pommeuse.

Année de hannetons,
Blé à foison.

Ces observations se basent probablement sur le fait que la chaleur favorise l'envol de ces insectes, qui naguère emplissaient parfois l'air. Ce temps est aussi propice à la croissance des cultures en tout genre.

Les marins bretons disent que « les hannetons volent sur la mer lorsque le temps est au beau ». Cette observation est probablement exacte.

Abeille

Il semble que l'abeille constitue un baromètre très efficace à courte échéance, pour qui la connaît suffisamment bien. De nombreuses formules anciennes nous rappellent son antique présence auprès de l'homme. Apparemment, la « mouche à miel » était observée tout au long de l'année, mais de toute évidence dans un but très intéressé.

On disait le 2 février, dans le Quercy :

S'il pleut pour Notre-Dame des Chandelles,
Il y aura beaucoup de cire et de miel.

Ce temps humide, présumé favorable pour le commerce de nos butineuses au début de février, ne reçoit pas les mêmes éloges par la suite. C'est ainsi qu'on entendait :

Quand il pleut (ou : *quand il tonne) au mois d'avril,*
Le laboureur se réjouit,

Mais l'abeille et la brebis
Ont encore beaucoup à souffrir.

Quand il tonne au mois d'avril,
Gare ! pour la mouche et le mouton.

Quand il pleut en août,
Il pleut miel et bon moût.

Ce dernier dicton est peut-être repris à tort par les apiculteurs, car il signifie probablement que, dans les régions vinicoles, la pluie est particulièrement bien accueillie au mois d'août. Le miel n'est alors que symbole. Les deux autres nous signalent qu'une période de temps doux, qui accompagne souvent l'orage et la pluie, ne signifie pas forcément que les gelées et le mauvais temps sont à oublier : les fameux « saints de glace » et la « lune rousse » peuvent nous le rappeler douloureusement.
La santé de nos précieux insectes est surveillée scrupuleusement au fil de l'année. Jugez seulement :

L'abeille et la brebis
Font leur deuil en avril.

Brebis et abeilles
En avril s'effrayent.

Au mois de mai les essaims
Font les charrettes de foin.

Un essaim en mai
Vaut une vache à lait.

A Sainte-Clotilde, de fleur en buisson, (3 juin)
Abeille butine à foison.
(Picardie)

A Saint-Félicien, (9 juin)
Mouche à miel n'a plus de biens.
(Picardie)

Les abeilles en juillet
Ne valent grain de millet.

Pour Saint-Miquel, (29 septembre)
Tue l'abeille et mange le miel.
(Languedoc)

En décembre, journée courte, longue nuit ;
L'abeille se tait, le jonc gémit.

On le voit, la production très enviée de nos abeilles, — qui paraît-il suit de près le prix du beurre — a fait l'objet de bien des spéculations. Le mois d'avril trouve nos insectes dans une torpeur bien compréhensible, mais un mois de mai très doux favorise l'essaimage, peu apprécié des apiculteurs, mais considéré par les autres comme le signe d'une bonne récolte de foin cette année. En début juin, le butinage se fait fébrile, mais vers le 9 du même mois, les premiers prélèvements ont déjà été effectués.

La superstition s'est malheureusement emparée de cette innocente collaboratrice.

Pâques avril
Rend heureuses mouches et brebis.

Quand Noël tombe un lundi,
Adieu abeilles et brebis.

Il va sans dire que l'on ne peut accorder aucun crédit à ces deux croyances sans fondement.

Il en va autrement avec les diverses prédictions du temps que permettent les « mouches à miel ». La plupart constatent que, par beau temps, les abeilles interrompent parfois sans raison apparente leur travail empressé, pour revenir à la ruche bien avant la tombée de la nuit et demi-chargées. Ce comportement est le signe presque immanquable que la pluie va tomber.

En Belgique, la même conclusion est tirée si elles quittent la ruche plus tôt que de coutume. Un dicton provençal, qui perd évidemment de son charme à être traduit en un langage qui nous soit accessible, dit que « les abeilles qui demeurent près des ruches ou qui y retournent en troupe, demi-chargées, marquent la pluie ».

Le naturaliste Karl von Frisch s'est intéressé à cette observation. Il a comparé le comportement des locataires de deux ruches; l'une se trouvait à environ cent mètres d'un lieu de récolte, l'autre à quelque six kilomètres. Vers la fin de l'après-midi, alors que le baromètre et l'état du ciel étaient tous deux au beau fixe, plus aucune abeille de la ruche éloignée ne s'est montrée, cependant que les autres persévéraient dans leur récolte incessante. Le savant s'est alors livré

à un rapide calcul : les insectes mettent environ 19 minutes pour voler jusqu'au lieu de récolte ; le travail dure 33 minutes, et le retour, qui doit être parcouru contre le vent, dure 23 minutes. Au total, l'opération entière doit durer en moyenne 75 minutes. 80 minutes après l'arrêt des départs, un orage sévère éclata, si bien que les abeilles s'étaient laissé une marge de cinq minutes. Leurs congénères ont continué de butiner presque jusqu'au bout.
On le voit, s'il semble bien que l'on puisse se fier largement aux prévisions de ces insectes, il apparaît aussi que seul un connaisseur est capable de tirer les bonnes conclusions.

D'autres pronostics ont été véhiculés à travers les siècles.

« Les abeilles se tiennent à la porte de leur ruche lorsque la pluie arrive. » (Vosges)
« L'orage menace si les abeilles refusent de sortir de leur ruche, ou y rentrent brusquement par essaims entiers, ou si elles sont nerveuses et agressives. » (Belgique)

« Il fera beau si les abeilles s'éloignent fort de leur ruche, ou si, le matin, alors que le temps est brumeux, elles mettent peu d'empressement à aller chercher de l'eau, ou si elles retardent de plusieurs heures leur départ au travail. »

La direction future du vent est aussi déduite de leur comportement.
« Si les abeilles butinent loin des ruches, le vent du nord va souffler. » (Midi de la France)

« Si l'abeille tarde à rentrer, c'est signe qu'il pleuvra demain. » (Provence)

Ces deux observations sont liées : les spécialistes s'accordent en effet pour dire qu'un temps très sec, qu'amène souvent le vent du nord, est peu propice à la production de nectar, si bien que notre ouvrière se voit forcée de parcourir de plus longues distances pour ne pas revenir à demi chargée. Par contre, l'accroissement de l'humidité relative de l'air facilite la récolte, si bien que l'abeille est incitée à prolonger son travail avant l'arrivée d'une zone pluvieuse.

Certains poussent la confiance jusqu'à prédire le prochain hiver d'après les manières d'agir des abeilles. En Ardèche et dans le Dauphiné, on dit que quand les abeilles « font double ruche », l'hiver sera rigoureux. On dit aussi en Ardenne que l'hiver sera rude si elles enduisent le trou d'envol de la ruche de cette matière résineuse qu'on appelle la *propolis*.

Cette dernière remarque est probablement aussi peu fondée que celle qui consiste à prévoir la rigueur de l'hiver d'après les pelures d'oignons. En revanche, si les abeilles *font la barbe*, c'est-à-dire si elles se groupent en masse compacte à l'entrée de la ruche, c'est qu'elles préparent un essaimage. Ce phénomène se produit parfois après une forte chaleur (par exemple au-delà de 30 °C) ou lorsque la ruche est mal aérée.

Un dernier dicton prévoit l'importance de la miellée d'après la direction du vent.

Vent du nord-nord-est : pas de miellée.
Vent du nord-nord-ouest : miellée médiocre.
Vent du sud-sud-est : miellée possible.
Vent du sud-sud-ouest : forte miellée.

Le commentaire donné précédemment à propos du vent permet de comprendre qu'un vent sec ou humide peut faciliter ou entraver une récolte.

Bourdon

Un document du XVIe siècle, transmis aux générations futures par Antoine Mizault, nous livre ce dicton relatif à l'automne :

Si, quand les étoiles Vergilies au soir se lèvent, guêpes et bourdons se retirent sous terre : hiver prochain froid et pluvieux.

Le nom d'*étoiles Vergilies* était parfois donné, jadis, à la constellation des Pléiades. En automne, on voit cette constellation émerger de l'horizon peu après le coucher du soleil.

Il est assez hasardeux de prêter aux bourdons une prémonition telle que la saison prochaine leur soit déjà connue aussi longtemps à l'avance. La remarque suivante, relevée en Belgique et contenant une prévision à courte échéance, est déjà plus crédible :

« Il pleuvra si les bourdons se réfugient sous terre. »

Guêpe

Un dicton affirme :

Année de guêpes sera sèche et fertile.
(Belgique)

Il est exact que les guêpes sont plus nombreuses lorsqu'il fait chaud et sec, conditions propices à la majorité des cultures. Même le foin, s'il y perd en quantité, compense cette perte par la qualité.

Au début de la belle saison, les prédictions vont bon train, telle celle-ci, recueillie à Huccorgne en Belgique : « L'été sera pluvieux si les guêpes font leurs nids à l'intérieur des maisons ou sous les combles ; il sera chaud et sec si elles font leurs nids en plein champ, sous terre ou dans les broussailles. »

Avant l'arrivée des averses orageuses, les guêpes, dit-on, « s'agitent et piquent plus que d'ordinaire ».
« Il fera beau, dit-on encore, si, le matin, elles se montrent très nombreuses, mais il pleuvra si elles se réfugient sous terre. »

Frelon

On pense, à Moha (Belgique), qu' « il fera beau si les frelons paraissent en grand nombre ».

Papillon

Le dicton le plus connu à propos de ce gracieux insecte est celui-ci :

Papillon blanc
Annonce le printemps.

Le papillon blanc est la piéride du chou, l'un des premiers à sortir de sa chrysalide au printemps. Ce même papillon annonce un hiver rigoureux si sa chenille présente sur le dos une large raie noire. Il s'agirait, dit la sagesse populaire, d'une réserve de chaleur qu'elle se serait constituée.

En Normandie et en Belgique, on précise encore :

Le papillon jaune est un signe de froid,
Le papillon blanc de temps doux.

Dans les Vosges, on affirme que les papillons voltigent près des fenêtres lorsque le mauvais temps arrive.

Chenille

C'est à la fin mai qu'apparaissent généralement les chenilles. C'est ainsi que l'on dit en Picardie :

A Sainte-Pétronille, (31 mai)
Il n'y a pas de haie sans chenille.

Nous devons nous accommoder de leur présence jusqu'aux premiers froids, ce qui nous fera dire alors :

Froid d'octobre tue les chenilles.

Octobre en gelées,
Chenilles trépassées.

Entre-temps, leur appétit ne faiblira pas, de sorte qu'il est peu probable que se vérifie le dicton suivant :

Entre les deux Sacres,
Les chenilles cessent leurs ravages.

Il s'agit de la période allant de la Fête-Dieu au Sacré-Cœur, période mobile qui voyage entre le 21 mai et le 24 juin.

En Hesbaye et dans le Condroz, régions de Belgique, les chenilles sont censées prédire l'allure de l'hiver suivant : il sera clément si les nids des chenilles sont lâches et clairs, rigoureux s'ils sont serrés et épais.

L'entomologiste Fabre a spécialement observé le comportement de la chenille processionnaire du pin, qu'il considère comme un véritable baromètre vivant. Cette chenille habite en grand nombre des nids soyeux et épais où elle vient s'abriter entre les repas. Quand la pression atmosphérique est sur le point de tomber, elle ne sort pas de son nid. De plus, elle ne reste jamais sur une branche où elle risque d'être surprise par les intempéries. Toujours selon Fabre, elle serait capable de prévoir le temps grâce à huit organes constituant autant d'appareils météorologiques ; ces organes se présenteraient sous la forme de mamelons érectiles saillant au travers de minuscules boutonnières.

Flambé

Ce papillon (appelé aussi *podalire*) ne sort de son cocon que lorsque les conditions atmosphériques sont favorables au vol. Il sortira à midi, si la température est alors supérieure à celle qui régnait le matin. Il faut donc que le ciel soit peu nuageux.

Phalène

Un dicton picard évoque le moment de l'année où l'on rencontre le plus de phalènes, vers le 12 juillet :

A Saint-Galbert,
Phalènes en l'air.

Ver à soie

Deux dictons évoquent l'heureuse influence du mistral sur le travail du ver à soie.

« Quand le mistral souffle pour les Rameaux, les vers à soie réussissent. »

Le vent du nord amène la bannière,
Bonne coconnière.
(Vallée du Rhône)

C'est-à-dire : si le vent est assez fort pour agiter la bannière de la procession des Rameaux, la coconnière, autrement dit le mûrier où se fixent les cocons, sera bien garnie.
En réalité, ce vent est plutôt favorable à la croissance et à la floraison du mûrier, dont se nourrit la chenille du bombyx.

Fourmi

Longtemps avant que La Fontaine n'immortalise sa réputation de prudente épargne, la Bible mentionnait déjà la fourmi en des termes similaires. Les versets 6 et 7 du sixième chapitre du livre des Proverbes évoquent manifestement l'espèce appelée « fourmi moissonneuse », bien connue au Proche-Orient.

Va vers la fourmi, paresseux, considère ses voies et deviens sage. Quoiqu'elle n'ait ni commandant, ni préposé, ni chef, elle prépare sa nourriture pendant l'été. Elle a amassé ses provisions pendant la moisson.

Depuis lors, les circonstances liées à ce travail ont fait l'objet de nombreuses interprétations. Virgile prit le relais en observant :

La fourmi, foulant un chemin étroit, transporte ses œufs du fond de sa maison avant la pluie.

Plus tard, on disait dans les Vosges :
« Si les fourmilières sont hautes au début de l'automne, l'hiver sera long et rude ; si elles sont basses, l'hiver sera court et tempéré. »

C'est la même idée qui inspira les dictons suivants :

Si les fourmis font de gros tas,
Un dur hiver viendra.
(Alsace ; Belgique)

Les souris qui creusent trop bas,
Les fourmis qui bâtissent trop haut,
Présagent un hiver peu chaud.
(Ardenne)

« Si Sainte Anne (26 juillet) bâtit des fourmilières, l'hiver nous taquinera. »

Ce dernier dicton se retrouve parfois dans une version modifiée, et d'ailleurs beaucoup plus vraisemblable :

Si les fourmis s'agitent à Sainte-Anne,
L'orage descend de la montagne.

C'est aussi la pluie ou l'orage qui surviendront si « les fourmis redoublent d'activité ;
— elles transportent activement leurs œufs (Huy, Namur, Dinant) ;
— elles se jettent *avec furie*, les mandibules hautes, sur tout ce qui est étranger à leur fourmilière ».

Il est question d'orage lorsque « les fourmis ailées prennent leur envol », ce qui est peu probable, car les conditions sont alors peu propices à un vol aisé et à la fondation de nouvelles colonies.

Enfin, selon une opinion assez répandue dans le Berry et le Bourbonnais, « la pluie ne peut manquer de survenir si l'on détruit accidentellement une fourmilière » !

Araignée

Cette fileuse experte a de tout temps suscité étonnement et respect, en même temps que l'effroi. Son travail méthodique fait aussi l'objet de mille spéculations portant sur le temps à venir. Plusieurs d'entre elles sont concrétisées par les dictons suivants :

Au bout du fil l'araignée,
La journée sera mouillée.

Araignées tissant,
Mauvais temps.

Araignée du matin, chagrin.
Araignée du midi, souci.
Araignée du soir, espoir.

Quand on voit les fileuses,
C'est le moment d'aller en bénisson.

(= d'aller semer le blé)
(Côte-d'Or)

Une foule d'autres remarques ont été faites à propos de ces arachnides. En voici une sélection :

« Il va pleuvoir si
— les araignées tissent leur toile avec précipitation (Vosges) ;
— elles raccourcissent les haubans de leur toile (Belgique) ;
— elles cheminent ou déménagent (Provence) ;
— elles circulent sur les murs (Belgique) ;
— elles se rassemblent (Bourbonnais) ;
— l'araignée des champs sort par temps de rosée ;
— le matin, les toiles fixées aux haies sont horizontales en forme de parapluie et perforées au milieu (Belgique) ;

— l'araignée grise descend tout au long de son *échelle de soie* (Belgique) ;
— les araignées détruisent leurs toiles » (Belgique).

« Il fera beau si :
— les araignées délaissent les coins sombres (Vosges) ;
— elles allongent et détendent les haubans de leur toile ;
— elles consolident leur ouvrage le soir ;
— elles descendent le long de leur fil (Belgique) ;
— elles restent inertes (Namur) ;
— elles opèrent des changements dans leur toile (Liège) ;
— elles montrent la tête et étendent les pattes (Belgique) ;
— elles opèrent des changements à leur toile vers 6 ou 7 h du soir (Belgique) ;
— elles travaillent à grands fils et entament l'armature d'une nouvelle toile (Namur) ;
— elles travaillent à leur toile pendant la nuit ;
— le matin, les toiles tendues horizontalement ne présentent pas de trou au milieu (Belgique) ;
— les fils de leur toile sont longs » (Ardenne). On juge même de la durée du beau temps à la longueur des fils.

Une averse prendra fin rapidement « si l'araignée se remet à l'ouvrage sous la pluie ».

« Le vent ou la tempête menacent si :
— les araignées se réfugient dans les habitations ;
— elles ne travaillent pas (Belgique) ;
— elles raccourcissent les haubans de leur toile ».
Mais « le vent sera de courte durée si elles se bornent à tendre les rayons de leur toile » (Belgique).

Enfin, « on doit s'attendre à de grands froids lorsqu'on voit les araignées entrer dans les maisons ».

Des remarques comme celles-ci sont tenues en si grande estime qu'un général français de la fin du XVIIIe siècle, le général Pichegru, s'était attaché un météorologue qui passait pour prévoir le temps grâce à ses petites araignées. D'après la petite histoire, bien lui en prit, car alors qu'il essuyait le feu des canons de la flotte ennemie sur les côtes du Zuyderzee, son Monsieur Météo personnel lui annonça une vague de froid susceptible de bloquer dans le port les navires indésirables. C'est effectivement ce qui arriva, et le général put s'emparer des vaisseaux hollandais pris par les glaces. Le météorologue s'appelait Quatremère d'Isjonval, et l'affaire se passait en 1795.

L'un des premiers dictons cités mentionnait aussi ce que l'on appelle dans nos régions les « fils de la Vierge ». Il s'agit de fils d'araignée qui s'entrecroisent sur les brins d'herbe, et que l'on remarque particulièrement bien lorsqu'il y a de la rosée : il semble alors que les prés sont d'immenses toiles. L'araignée responsable de ce phénomène s'appelle l'*érigone*. L'apparition de ces fils est signe de beau temps. Il est clair que ces fils ne sont visibles que par temps doux et calme, un temps favorable à la formation de la rosée.

Diverses explications ont été tentées pour tâcher de comprendre l'impact du climat sur le travail de l'araignée. Certains estiment qu'elle s'adapte tout simplement aux moments privilégiés de vol des insectes dont elle se délecte. Pour d'autres, l'araignée travaille plus aisément lorsque l'humidité relative de l'air est assez importante.

La comptine bien connue de l' « araignée du matin... » s'explique relativement bien. Bien qu'elle soit interprétée maintenant comme une formule superstitieuse, il s'agissait au départ d'une prévision météorologique avant la lettre : si l'araignée se montrait le matin, c'est que la rosée n'entravait pas son labeur ; la pluie était donc prévisible. Si elle se montre vers midi, contrairement à son habitude, c'est qu'un orage ou autre incident climatique risque de bouleverser son travail habituel de l'après-midi. Si par contre elle se manifeste l'après-midi, c'est donc que l'atmosphère est relativement calme, ce qui laisse augurer une persistance du beau temps.

Faucheux

Cet arthropode, proche de l'araignée, possède quatre paires de longues pattes ténues. On dit en Belgique qu'il fera beau si les faucheux apparaissent en grand nombre.

Scorpion

Plusieurs espèces de scorpions vivent dans le Midi de la France. Ce n'est pas leur caractère sournois qui les incite à se cacher sous les pierres, mais leur prédilection pour les endroits humides. C'est ce qui a donné naissance à cette remarque, qui n'est pas sans fondement :
« Lorsque les scorpions se promènent, la pluie n'est pas loin. »

Cloporte

Cloportes en foules sur les murs,
Le mauvais temps est sûr.

Cette invasion de cloportes avant le mauvais temps a été observée un peu partout. Il est exact que ces petits crustacés apprécient beaucoup les endroits humides, tels que le dessous des pierres. C'est ce qui leur a valu en Belgique le surnom de « cochons de pierres ». Ils en sortent seulement si l'humidité relative de l'air est suffisamment élevée, ce qui laisse prédire un changement de temps avec quelque chance de succès. Il va sans dire qu'un bon hygromètre nous fournira le même renseignement avec plus de précision, mais puisque tout le monde ne se promène pas avec son hygromètre attaché au cou...

Ver luisant ou lampyre

Divers types de temps étaient annoncés par le ver luisant, essentiellement par l'éclat de sa « lumière ». Les observations suivantes ont toutes été recueillies en Belgique.

« Il fera froid si ses pattes noircissent et s'il brille alors d'un éclat très vif ;
— il pleuvra bientôt s'il ne cesse de changer de place ;
— nous aurons de la grêle s'il remue par saccades ;
— le vent se lèvera s'il s'enfonce sous terre ;
— s'il se colore de bleu, le ciel sera serein demain ;
— il fera beau s'il jette sur l'herbe de nombreux petits jets de lumière » (ce sont les gouttes de rosée, annonciatrices d'une belle nuit, qui irradient la lumière).

« Il annonce la chaleur s'il devient anormalement brillant. »
« Il fera beau si le " ver-luisant " vole partout. » Il est alors confondu avec la luciole.

Ver de terre ou **lombric**

Le ver de terre fréquente les lieux humides. Son apparition hors de terre est l'indice d'une forte humidité relative de l'air. C'est pourquoi l'on dit avec beaucoup d'à-propos :

Lorsque le ver de terre perce le chemin,
La pluie n'est pas loin.

Au XVIe siècle, Antoine Mizauld remarquait déjà :

S'il perce les chemins comme par une tarière, c'est la pluie à venir.

Un autre présage printanier ne doit pas être considéré avec autant de sérieux :

Au printemps, ver de terre noué,
Sécheresse en été.
Ver de terre allongé,
Pluie en été.

(Suisse)

La prédilection du lombric pour l'humidité explique les nombreuses observations annonçant la pluie à la vue de certains oiseaux occupés à picorer.

Escargot

La plupart du temps, l'escargot annonce la pluie. C'est le cas, dit-on, lorsque ces animaux :
« se montrent un peu partout ;
— montent aux arbres ».

On dit même que plus l'escargot grimpe haut, plus le temps sera pluvieux. En Bourgogne, terre d'escargots par excellence, il paraît que les variétés appelées *barbarettes* montent aux arbres 48 heures avant les premières gouttes de pluie.

Par contre, à Huy, en Belgique, on prétend qu'il fera beau si les escargots errent « en haut des troncs, dans les jeunes bois ou sur les palissades ».

Enfin, l'hiver sera doux si l'épiphragme qui ferme leur coquille à la fin de l'automne est très mince, et rude si c'est le contraire. A ce propos, beaucoup de spécialistes pensent que les animaux ne peuvent que réagir aux circonstances vécues et non à celles à venir. Si la cloison est mince, disent-ils, c'est tout simplement qu'il faisait doux *au moment où* elle a été sécrétée. Faux ! répliquent certains. Car tant qu'il fait doux, l'animal ne sécrète pas cette membrane. Le débat reste ouvert.

Plusieurs dictons désignent l'escargot sous son nom autrefois répandu de *limaçon*.

Limaçon aventureux,
Le temps sera pluvieux.

L'escargot est invisible en hiver, sauf si une période exceptionnellement douce s'installe. Ce temps trop doux peut avoir des conséquences funestes pour les cultures, car il les priverait de la gelée qui leur est indispensable pour une bonne croissance ultérieure. C'est ce qui fait dire :

Il vaut mieux un chien enragé
Qu'un limaçon en janvier.

Limace

L'opposition légendaire entre le temps de la Noël et celui de Pâques donne l'occasion de mettre en scène ce mollusque.

A Noël les limaces,
A Pâques les glaces.

Comme le démontrent des statistiques sérieuses couvrant au moins trente ans, cette assertion est tout à fait dépourvue de fondement.

Dans les Vosges et en Belgique, il subsiste une opinion curieuse : « Il pleuvra si la limace ou le limaçon portent de la terre sur la queue ; il fera beau s'ils portent de l'herbe. » Une tentative d'explication a été avancée : les limaces charrient de la terre pour aménager leur habitat, afin d'éviter qu'une crue trop importante ne les noie. Tant qu'elles charrient cette terre, le mauvais temps durera. Elles transportent de l'herbe pour stocker de la nourriture en prévision d'une sécheresse éventuelle...

Animaux domestiques

Âne

Il semble que l'âne ait toujours — bien injustement — représenté l'ignorance ou la bêtise. Quelques dictons ont contribué à propager cette idée, comme celui-ci, qui s'applique à la coutume du « martinage du vin », c'est-à-dire du tirage du vin nouveau.

Pour la Saint-Martin,
Âne qui ne boit du vin.
Âne deux fois
Qui trop en boit.

Bien entendu, l'âne de ce dicton est métaphorique : le mot *âne* y est l'équivalent de *sot*.

Dans bien des régions, les ânons naissent en février, si bien que l'on dit de ce mois :

Février,
L'ânelier.

Plusieurs remarques ont été formulées sur le comportement de ces animaux réputés obstinés. L'une est datée du mois de juin :

Au mois de juin, quand les ânes se secouent l'oreille,
C'est signe qu'il pleuvra à merveille.

(Liège)

Les autres s'appliquent à toutes les saisons. On dit :

Âne qui saute et brait sans fin,
Pluie pour demain.

Âne qui brait : pluie et vent.

On nous rapporte d'un peu partout que « les ânes secouent la tête sans raison apparente lorsque le mauvais temps va arriver ».

A Namur, on prédit le beau temps en voyant un âne se rouler dans la poussière, mais « s'il brait en secouant les oreilles », la pluie est annoncée. C'est aussi la pluie qui surviendra « si l'âne marche de travers en dressant les oreilles ». Selon quelques-uns, « l'âne qui brait apporte l'orage ».

Il est assez difficile de cautionner ce genre de remarques. Dans certaines régions, il pleut relativement souvent et il est vrai aussi que les ânes secouent souvent les oreilles. Mais de là à conclure à une relation de cause à effet...

Pour en avoir le cœur net, il vous reste à observer attentivement l'âne le plus proche !

Bovins

Il est compréhensible que les bovins fournissent une foule d'observations. Il s'agit des animaux que l'homme côtoie le plus souvent dans nos campagnes, et auxquels il doit prêter le plus d'attention dans son propre intérêt.

D'après les croyances populaires, la pluie est annoncée quand « les bêtes se rassemblent pour se coucher ;
— les bêtes à cornes reniflent (Vosges) ;
— les bovins lèvent le mufle en l'air comme pour humer le temps ;
— ils rentrent le soir à l'étable tristement et en meuglant ;
— au pâturage, ils se rassemblent aux angles ou à l'ombre, en plaçant la tête du côté opposé au vent (Herve, en Belgique) ;
— par beau temps, le bétail se couche ;
— le bétail s'assemble et renifle l'air avec avidité ;
— les bœufs et les vaches lèchent les murs des étables (Belgique) ;
— les bêtes paraissent inquiètent et lèvent le mufle pour humer le vent (Namur) ;
— le bétail a meilleur appétit que de coutume » (Provence).

L'orage menace si
« les vaches courent la queue en l'air ;
— les vaches galopent tôt le matin ;
— les taureaux s'acharnent les uns contre les autres et s'emmêlent les cornes ».

Il y a risque de tempête lorsque :
« les génisses sautent comme des folles » ou « courent avec les chevaux », « se bousculent », « se poursuivent » ;
« les bœufs se lèchent à rebrousse-poil » ou « se couchent sur le côté gauche » ;
« les vaches font des bonds en secouant la tête ».

La neige peut arriver quand les bêtes à cornes « agitent leurs pieds de derrière ».

Deux dictons sont catégoriques :

Quand les vaches sont couchées,
Toutes du même côté,
Il fera mauvais.

Beaucoup de paysans ont observé que les bestiaux se couchent avant le mauvais temps. Certains ont avancé prudemment l'idée qu'elles s'assurent ainsi une place sèche. Pourquoi pas ?

Vaches à bord, flairant l'air et les pieds léchant :
Signe assuré de mauvais temps.

On pourrait peut-être rétorquer qu'un simple baromètre serait moins encombrant à bord d'un chalutier, et tout aussi précis. Mais ce dicton date probablement de l'époque où les marins s'embarquaient pour des mois, et où la stérilisation ne permettait pas encore de conserver le lait aussi longtemps.

On peut tout de même prévoir le beau temps quand
« les bêtes ruminent paisiblement debout dans le pré ;
— le bétail « *drille* » le soir »   (Hesbaye, Belgique).

On le voit, les bovins annoncent plus sûrement le mauvais temps qu'un ciel serein.

Les dictons plus particulièrement consacrés au **bœuf** évoquent l'influence du climat sur la santé et les activités de l'animal.
En principe, les bœufs retournent au pâturage en mars.

Mars bon ou mars méchant,
Ton bœuf à l'herbe, ton chien dedans.

Encore qu'un retour offensif du froid soit toujours à craindre :

Mars avec ses coups est capable
De tuer les bœufs dans l'étable.

Ce qu'il faut au printemps, c'est une pluie abondante, pour que l'herbe pousse vite.

Quand il tonne en mars,
Bœufs et curés gras.

Hélas, le bonheur des uns fait le malheur des autres. Le malheureux, c'est le porc (voir p. 127) :

Eau d'avril engraisse le bœuf, tue le porc,
et le mouton s'en moque.

Le Vendredi-Saint, s'il pleut,
Le bœuf rit, le cochon pleure.

S'il pleut le premier mai, le bœuf gagne
et le cochon perd.

En fait, plus l'animal est petit, plus vite il trouve de l'herbe à sa suffisance :

Mars pour les poules,

Avril pour les moutons,
Mai pour les bœufs,
Juin pour tous.

Tout au long de la belle saison, la pluie est bien accueillie par notre paisible ruminant. Il n'en va plus de même à la fin de l'été et en automne, où son travail aux champs sera rendu pénible par un sol détrempé.

S'il pleut le jour de la grande Notre-Dame, (15 août)
les bœufs pleurent.

Quand il pleut à la Saint-Matthieu, (21 septembre)
Fais coucher tes vaches et tes bœufs.

A la Saint-Denis (9 octobre),
les bœufs ne peuvent plus aller.

Quoi qu'il en soit, son sort sera le même, dès l'hiver venu :

A la Saint-Nicolas, (6 décembre)
Vends ton bœuf gras.

Quant à la **vache,** elle intéresse avant tout pour sa production laitière. Le niveau même de cette production peut servir de baromètre. On dit que sa diminution est signe de mauvais temps prochain. Le fait a été maintes fois constaté, sans pouvoir être expliqué.

Mais la plupart des dictons se rapporte au cycle des saisons.

Dans certaines contrées méridionales, on sort les vaches au pré en mars, mais on les rentre pour la nuit. Ailleurs, c'est généralement en avril que les pâtures se repeuplent.

En mars, les vaches au pré ;
Si ce n'est pour manger,
C'est pour s'y gratter.

Quand Saint-Georges est sur son siège, (23 avril)
fais courir ta vache.

Les vaches expriment alors leur joie de retrouver le bon air en produisant un lait plus riche et abondant. Les pluies des premiers mois de printemps fourniront une herbe épaisse, ce qui fera le plus grand plaisir à notre ruminant. C'est pourquoi l'on dit :

Les vaches veulent avoir les cornes mouillées
Et les brebis toujours le pied sec.
(Languedoc)

S'il pleut à la Chandeleur, (2 février)
Les vaches donnent beaucoup de beurre.

Si la Chandeleur est goutteuse,
Les vaches seront laiteuses
Et les poules pondeuses.

Quand il tonne en mars, les vaches sont tirées.

Pluie de mai
Vache à lait.

Quand il pleut en mai,
Les vaches ont du lait.

Quand il tonne en mai,
Les vaches ont du lait.

Quand il tonne le premier jour de mai,
Les vaches auront du bon lait.

Mais, sur ce point, tout le monde n'est pas d'accord :

S'il pleut le premier jour de mai,
Les vaches perdront la moitié de leur lait.
(Franche-Comté ; Belgique)

Pluie au début de mai
Enlève aux vaches la moitié du lait.

Et si la pluie trempe les mois d'été, le foin sera de piètre qualité.
« Si le jour de la Saint-Médard (8 juin), il pleut sur les vaches, elles n'auront pas de lait de l'année. » (Bourgogne)

Quel que soit le temps, la production de lait, très importante en mai et surtout en juin, subit très souvent une légère baisse en juillet, au fur et à mesure que l'on s'éloigne du dernier vêlage. La sécheresse peut accentuer ce phénomène.

A Notre-Dame du Mont Carmel, (16 juillet)
Mieux vaut une chèvre qu'une vache à lait.

Août sans pluie fait maigrir la vache.

Vient ensuite le moment de rentrer les bêtes à l'étable, moment qui peut varier énormément d'une année à l'autre. Dans certaines régions montagneuses, une fin de septembre excessivement pluvieuse pouvait accélérer l'hivernage, au grand dépit du fermier.

Quand il pleut à la Saint-Matthieu, (21 septembre)
Fais coucher tes vaches et tes bœufs.

Partout ailleurs, ce n'est pas avant novembre que l'on rentre les vaches, ou même en décembre quand la neige et la gelée se manifestent tard.

A la Saint-Martin, (11 novembre)
Les vaches au lien.

A la Sainte-Catherine, (25 novembre)
Les vaches vont à la laiterie.

Un autre épisode marquant de l'année d'une vache est la saillie. Cette cérémonie ne pouvait se dérouler à n'importe quel moment, si l'on en croit ce dicton originaire de la Marche :

La vache que l'on mène à la lune nouvelle
Donne une velle ;
Celle que l'on mène au taureau
A la lune vieille, donne un veau.

Terminons-en par ces deux croyances superstitieuses, qui prédisent bien des avatars à nos laitières, mais qu'il convient de rejeter, comme tout ce qui a trait à la superstition :

Noël sans lune,
De deux vaches on en mange une.

S'il pleut les trois Pâques,
Pense à vendre ta vaque.
(Picardie)

Les trois Pâques sont *Pâques fleuries* (dimanche des Rameaux), *Grandes Pâques* (dimanche de Pâques) et *Pâques closes* (dimanche de Quasimodo).

Cheval

L'homme moderne tend à oublier que le temps n'est pas si loin où le cheval était le compagnon de tous les jours. Le cheval de jeu et de boucherie est un phénomène très récent. S'il a été appelé par certains la « plus grande conquête de l'homme », il est vrai également qu'il a dû supporter les mêmes assauts du temps que son maître. On entend encore dire :

Il faut qu'au mois d'avril
Le cheval tremble à l'écurie.

Quand le blé épie,
Il faut que le cheval tremble à l'écurie.
(Champagne)

On ne sait trop si cet « il faut » exprime une résignation à l'inévitable ou un souhait. En revanche, le dicton suivant constate que la pluie de printemps est bénéfique pour les pâturages (pour la truie, voir p. 130).

S'il pleut le premier mai, le cheval gagne son procès et la truie le perd.

Le cheval soulageait l'homme d'un travail qui eût été au-dessus de ses forces. Le retard imposé dans les travaux par un climat adverse lui faisait parfois endosser une tâche accrue.

A Saint-Privat, (21 août)
Pour les labours, donne du jarret à ton cheval.
(Picardie)

Quand il pleut pour les Quatre-Temps,
Il faut piquer les bœufs et les juments.

Il s'agit des Quatre-Temps de septembre, trois jours de jeûne autrefois imposés par l'Église lors de la première semaine d'automne. S'il pleut ces jours-là, les animaux de trait doivent être aiguillonnés car les labours deviennent difficiles.

La naissance du poulain était entourée de mille précautions, non seulement pour la perspective de revenu qu'elle entraînait, mais surtout pour la fragilité de l'animal en la circonstance. Avec quelle fierté le paysan portait, en automne, le jeune poulain à la foire !

En novembre, bon paysan va vendre son poulain.
(Lozère)

Le comportement du cheval permettait parfois de prévoir le temps. S'il ruait, on pensait qu'il allait faire froid et humide. Lorsqu'il reniflait à pleins naseaux, on pensait qu'il subodorait la pluie. Même chose si, au repos, il creusait la terre de ses sabots.

On dit encore que les chevaux qui courent dans les prés annoncent le mauvais temps.
En Belgique, on dit aussi qu'il fera beau si le cheval hennit bruyamment, mais que l'orage viendra s'il hume l'air avidement.

Chèvre

La chèvre n'est pas l'animal le plus précieux de la ferme, tant s'en faut. Son utilité ne fait pourtant aucun doute. C'est ainsi que de nombreux paysans, après le sevrage de leurs enfants, les nourrissaient longtemps au lait de chèvre, plus digeste que le lait de vache. La production en est aussi plus régulière. Ainsi, lorsqu'arrive la mi-juillet, où les vaches commencent à ne plus se montrer aussi généreuses, la chèvre suit toujours le même rythme. Aussi aimait-on à dire :

A Notre-Dame du mont Carmel, (16 juillet)
Mieux vaut une chèvre qu'une vache à lait.

Bien entendu, la biquette préfère aussi l'herbe jeune et tendre du printemps.

Au mois d'avril,
La chèvre rit.

Il faut veiller à ce que les naissances n'aient pas lieu trop tôt. Si les agneaux peuvent naître dans la neige, il vaudrait mieux que les chevreaux fassent leur entrée dans notre monde vers la mi-avril. Donc,

Pour Saint-Martin, (11 novembre)
Mène la chèvre au bouquin.

On entend encore citer une superstition que nous ne transmettons que pour mémoire :
« Quand les trois Pâques, Fleuries, Grandes Pâques et Closes tombent dans le même mois, fatalité pour les chèvres et les brebis » (voir p. 121).

Certains adoptent l'opinion selon laquelle la chèvre manifeste certains comportements en fonction du temps futur. Il pleuvra, dit-on, si
« la chèvre crie d'une voix aiguë ;
— elle broute sans hâte (Vivarais) ;
— elle *râpe* (broute l'herbe jusqu'au ras) (Dauphiné) ;
— elle lèche les murs de l'étable (Belgique) ;
— elle cherche à s'abriter ».

On pouvait aussi présumer des rigueurs de l'hiver d'après son ardeur amoureuse. On disait dans les Vosges : « Si la chèvre demande le bouc en septembre, l'hiver sera précoce ; plus elle attendra, plus l'hiver sera tardif et bénin. »

Mouton

La tradition orale accorde une place importante au mouton, animal robuste qui demande peu de travail. Beaucoup de fermiers se contentent de lui procurer un refuge en cas d'intempéries, le laissant courir librement tout l'hiver. La croissance d'une végétation renouvelée au printemps procure donc au mouton une satisfaction bien compréhensible.

A Sainte-Clémence, les moutons (21 mars)
Prennent du ton.

En avril, l'herbe est suffisamment grande pour que cet insatiable tondeur y trouve son compte.

A Saint-Aimé, (28 avril)
Point de moutons affamés.
(Picardie)

Mars pour les poules,
Avril pour les moutons,
Mai pour les bœufs,
Juin pour tous.

Eau d'avil engraisse le bœuf, tue le porc,
et le mouton s'en moque.

Au jour de Sainte-Prudence, (6 avril)
S'il fait du vent, le mouton danse.
(Belgique)

S'il pleut à la Sainte-Prudence,
Peu après le mouton danse.

Toutefois, un dicton attribue à l'orage d'avril une influence néfaste sur le mouton.

Quand il tonne au mois d'avril,
Gare pour la mouche (– l'abeille) *et le mouton.*

S'il devait s'avérer que cette croyance n'est pas de pure superstition, il faudrait en conclure que le temps trop doux que signale un orage au mois d'avril donne un élan trop important à la croissance végétale. Les gelées printanières risquent ensuite de gâcher le bon travail accompli, au détriment des animaux brouteurs.

En fait d'entretien, les seuls soins que demande le mouton sont d'abord la tonte, ensuite le passage à la casserole. Entre-temps, plusieurs maladies sont à traiter, tel le *bangon*, affection de la gorge.

A l'Ascension,
On mange groseilles et mouton.

L'eau de l'Ascension
Amène le bangon.

La tonte ne s'effectue pas n'importe quand :

Il n'est pas toujours saison
De tondre brebis et mouton.

A la Saint-Aubin on tond (1er mars)
D'ordinaire le mouton.
Mais si vous voulez m'en croire,
Tondez-le à la Saint-Grégoire. (12 mars)

A la Saint-Aubin,
On tond le belin.

Censiers, si vous voulez m'en croire,
Tondez vos moutons à la Saint-Grégoire.
(Belgique)

C'est donc début mars que la précieuse laine sera récoltée et stockée, en attendant d'être filée lors des veillées hivernales. C'est ensuite aux fêtes de Pâques et de l'Ascension que se mange l'agneau.

Un autre dicton met en scène le mouton à l'occasion de la Noël :

A Noël, quand minuit sonnera,
De joie le mouton bêlera.

Il s'agit là d'une allusion au symbolisme de l'agneau mystique, Jésus-Christ, dont la chrétienté fête alors la Nativité.

Le comportement du mouton permet de prévoir plusieurs types de temps, le vent en particulier :

Les moutons se choquent la tête
Un peu avant la tempête.

De plus, il paraît qu'ils se rassemblent et tournent la tête dans la direction d'où viendra la tempête.

Par ailleurs, il doit pleuvoir si :
« les moutons sautent fébrilement ;
— ils broutent avec rage ;
— ils sont inquiets ;
— ils se rassemblent nez à terre ;
— ils lèchent les murs des étables ;
— ils gambadent et se battent ;
— ils ne veulent pas quitter le pâturage ;
— ils restent couchés ;
— ils deviennent folâtres et se mettent à se *tosser* ».

On dit à Bagnols-sur-Cèze, dans le Gard, que le mauvais temps va arriver « quand les moutons se serrent en groupe compact ». On a aussi remarqué que les moutons se serrent en groupe pour affronter une période de froid.

En outre, on affirme ailleurs :
« Quand les béliers se battent, ils présagent la pluie. »
(Provence)
« Quand les béliers bêlent en levant la tête, la pluie est proche. » (Dauphiné)

Antoine Mizauld annonçait aussi de la pluie lorsqu'il voyait

les brebis, comme les truies et les chèvres, comme étant en haulte chaleur vénérique tombées, indifféremment masles et femelles recevant et unes sur autres en vain saillant.

Porc

Le porc est l'animal de ferme le plus rentable. Non seulement il mange tout ce que son maître veut bien lui donner, mais le rapport à l'abattage est des plus intéressants : au moins 80 % du poids total, pour seulement 50 à 55 % dans le cas des bovins. La plupart des dictons sont donc axés sur les conditions d'engraissement, le moment de l'abattage et le salage du porc.

L'abattage a lieu lorsque le froid a commencé de s'installer. Dans certaines régions, ce sera le 18 octobre :

A la Saint-Luc, tue tes pourceaux
Et bondonne bien tes tonneaux.

Ailleurs, il faudra attendre le 11 novembre, le 25 novembre ou même le 21 décembre :

Tue ton cochon à la Saint-Martin (11 novembre)
Et invite ton voisin.

A la Saint-Martin,
Convie ton voisin
Et tue ton pourcin.
(Charentes)

A la Sainte-Catherine, (25 novembre)
Tout arbre prend racines,
Le feu est à la cuisine,
L'hiver s'achemine,
Il faut faire farine,
Le cochon couine,
Les sardines tournent l'échine.

A la Saint-Thomas, (21 décembre)
Cuis ton pain, lave tes draps,
Tue un porc gras si tu l'as.
Tu ne l'auras pas sitôt tué
Que Nau (= Noël) *sera arrivé.*

Il convenait toutefois d'attendre la bonne phase lunaire pour tuer le cochon. Voici les opinions les plus courantes :

« Il faut abattre la truie à la lune vieille et le mâle à la lune nouvelle ». (Auvergne)
« Ne tondre, ni ne tuer les porcs en lune dure ». (Belgique)

Ces directives ne reposent pas uniquement sur la superstition. Il convient effectivement de ne pas abattre la truie lorsqu'elle est en chaleur, et ce pour diverses raisons : conservation et saveur de la viande essentiellement. Le commun peuple a toujours établi une relation entre le cycle ovarien de nombreux animaux et les phases lunaires. C'est encore l'opinion de nombreux savants. On pense généralement qu'un changement de lune peut favoriser l'ovulation, ce qui obligerait à reporter l'abattage de la truie.

L'opération suivante — après la dégustation des premières côtelettes — est le salage de la viande. Pour cela, il était préférable qu'il gèle un peu, mais pas à l'excès, afin de pouvoir découper la viande.

Feu de Noël,
Le porc dans le sel,
La truie aux choux,
Chassez-la s'il plaît à vous.

Le conseil donné par les deux derniers vers est difficile à interpréter. Il montre en tout cas la différence des traitements réservés à la reproductrice et à l'animal châtré.

A la Saint-Antoine, (17 janvier)
Sale ton porc et enferme ton huile.
(Languedoc)

Vient ensuite l'achat des pourceaux de l'année suivante. Il est de loin préférable d'y procéder au printemps, et non en hiver. Par exemple, le 11 novembre et la Noël ne conviendraient pas pour acheter un pourceau :

Qui veut du mal à son voisin
Lui fait acheter un gouris (goret) *à la Saint-Martin*
(11 novembre)

Noël n'a jamais été marchand de cochons.

Une étude de l'Organisation Météorologique Mondiale (Note Technique n° 107) nous permet d'en comprendre la raison : lorsqu'il gèle, l'animal emploie l'apport d'énergie de sa nourriture pour maintenir constante la température de son corps. Cette énergie ne permettra donc pas de réaliser un gain de poids. Il faudra donc augmenter la ration quotidienne et diminuer d'autant le profit de la vente. De plus, dans un environnement froid, les jeunes pourceaux tombent parfois dans un état comateux ; s'ils n'en meurent pas directement, la truie les étouffera.

Une fois l'animal acquis, il faudra l'engraisser dans le plus bref délai, afin d'en obtenir un meilleur rapport. Tous les déchets ménagers seront mis à contribution, ainsi que de l'orge et du petit lait pour les amateurs de fine viande. Jadis, les glands constituaient aussi une part importante de la nourriture du porc. C'est dans ce contexte que sont nés plusieurs dictons exposant les vertus ou les dangers pour le porc de divers types de temps.

Eau d'avril engraisse le bœuf, tue le porc,
et le mouton s'en moque.

Le Vendredi-Saint, s'il pleut,
Le bœuf rit, le cochon pleure.

Eau de mai
Tue le porc d'une année.

S'il pleut le premier mai,
Le bœuf gagne et le cochon perd.

De glands sera votre porc dépouillé
Si à la Saint-Jacques votre toit est mouillé. (1er mai)

Un printemps pluvieux sera assez néfaste pour l'orge, qui produira « beaucoup de paille et peu de grain ». Les fleurs fruitières seront mal pollinisées par les insectes, ce qui nuira aussi à la production de glands. A l'inverse des dictons précédents, les deux suivants ne paraissent pas reposer sur des fondements solides.

S'il pleut le jour de Saint-Gengoul, (11 mai)
Les porcs auront de glands leur soûl.
(Belgique)

Pluie le premier vendredi d'août, c'est
Que les porcs perdront leur procès.
(Ardenne)

Une superstition de la Noël concerne encore l'engraissement des porcs :

Noël dans l'obscurité
La truie maigre va s'augmenter.

On pouvait s'y attendre, le comportement du cochon a donné lieu à de nombreuses interprétations concernant le temps futur. La plus anciennement connue nous vient de Virgile, au premier siècle avant notre ère :

Les porcs immondes oubliant de défaire et d'éparpiller avec leur groin des bottes de paille : signe de soleil et d'éclaircies.

La même observation est connue de nos jours, mais bien plus la conclusion inverse. On dit qu'il pleuvra si
« les porcs grognent et s'agitent ;
— aux champs, ils bousculent les gerbes en sautant ;
— ils éparpillent leur litière et la transportent au loin ;
— ils se roulent dans leur litière ».

Il paraît aussi qu'il y aura de l'orage ou de la tempête si
« les cochons s'enfuient en grognant (Vivarais) ;

— ils secouent la tête (Belgique) ;
— ils portent de la paille dans leur abri ».

Il subsiste dans certaines contrées une pratique singulière, sans aucun doute une réminiscence des anciens haruspices. La rate du porc est examinée avec soin, de même parfois que celle du renard. Cette étude permettrait de prédire la tournure que prendra l'hiver, suivant le procédé décrit au mot **renard,** p. 13.
A notre époque moderne, pas mal de paysans restent encore attentifs à ce genre de présages. L'illustration nous en est fournie par ce duel organisé voici quelque temps par une chaîne de télévision américaine, qui opposait un météorologue émérite et un fermier de la région de Huntsville. Ce dernier, paraît-il, parvenait à prévoir le temps par divers signes, qui comprenaient, entre autres, l'examen du groin des porcs...

Lapin

Le lapin domestique ne semble pas avoir inspiré une quelconque prévision du temps. Il trouve cependant sa place dans les dictons picards. Par exemple :

> *Bon rédeux* (= éleveur de lapins) *à Saint-Euloge*
> *Voit les jeunes lapins à l'auge.*

La Saint-Euloge se fêtait le 11 mars. Etant donné que la durée de gestation du lapin est d'environ un mois, et que d'autre part les jeunes commencent à manger du foin après environ deux semaines, la lapine a été présentée à son prétendant vers la fin de janvier. Si ce dicton évoque le sevrage, il faut augmenter ce délai de quatre semaines. Ce calcul permettait à l'éleveur de ne pas nourrir de nombreuses têtes à un moment où la végétation est rare. Cette période d'hiver laisse quelque répit à la femelle souvent très exploitée pendant la belle saison. On essayait souvent de ne plus avoir de jeunes lapins à la mi-novembre car

> *A Saint-Philomène,* (14 novembre)
> *Misère dans les garennes.*

Lorsque la température descend en dessous d'un certain seuil critique, un animal doit fournir un effort supplémentaire pour maintenir sa propre température corporelle au niveau convenable. Pour cela, il consomme ses réserves de graisse. Le manque de corps gras empêche la mère de nourrir suffisamment ses jeunes, d'où une mortalité accrue.

Chat

Les remarques sont légion à propos de la prévision du temps grâce à l'observation du chat. Certaines sont même restées très populaires.

Il fera beau si
« le chat, en faisant sa toilette, ne se frotte pas le nez ;
— le chat a de tout petits yeux (Vosges) ;
— il procède à sa toilette avec une sage lenteur et ne passe jamais la patte derrière l'oreille.
— il ronronne spontanément ».

Il y aura du vent lorsque :
« le chat procède à sa toilette par mouvements précipités et fébriles ;
— il gratte l'écorce des arbres ou les pieux. »

Plusieurs dictons provenant d'un peu partout illustrent ces principes.

Quand les chats sautillent, badinent,
C'est la Cisampe qu'ils devinent.
(Vallée du Rhône)

Si le chat se frotte l'oreille,
Le Mistral se réveille.
(Provence)

Quand le chat passe la patte sur la tête,
Bientôt il y aura tempête.

Le comportement de l'animal permet de prévoir la pluie si
« les chats font des cabrioles ;
— leurs yeux s'agrandissent ;
— leur toilette est interminable ;
— le chat recherche le feu ;

— il mange de l'herbe ;
— il se lave plusieurs fois dans la journée ;
— il passe sa patte derrière l'oreille ».

Quelques dictons nous aideront à mémoriser ce pronostic :

Quand le chat se débarbouille,
Bientôt le temps se brouille.

Chat passant patte sur l'oreille,
S'il vient, beau temps serait merveille.

Quand le chat se débarbouille
Avec sa patte de velours,
S'il va par-dessus l'oreille,
Il pleuvra avant trois jours.

Chat qui caresse son oreille
La méfiance nous conseille.

(Vosges)

En 1554, Antoine Mizauld remarquait déjà ce fait :

Le chat qui sa teste et surtout la nucque du col, de ses pattes moillées comme s'il se peignoit ou lavoit, longtemps frotte : signe de pluie très évident et mille fois esprouvé.

Le chat n'est pas avare de renseignements météorologiques. Il permettrait aussi de prédire une vague de froid, quand « il tourne le dos au feu » ou, comme on préfère l'exprimer en Provence, « il présente le cul au feu » ; de même quand « il met les pattes sous son ventre ».

A l'approche de l'hiver, il nous livre encore au moins deux indications précieuses :
« Le chat appelle la neige quand on le voit en octobre allonger les pattes de derrière pour tirer vers le bas ses oreilles » (Vosges)
« L'hiver sera très sévère si les chats ont la fourrure très fournie. » (Belgique)

Un dernier dicton nous informe d'une période privilégiée pour les ébats amoureux de ce félin, le tout agrémenté d'une rime à peine forcée :

A la mi-août,
Les chats font dégâts partout.

Les cabrioles du chat avant les intempéries, sa toilette interminable et d'autres aspects de son comportement sont probablement liés à sa sensibilité toute particulière aux flux magnétiques. Il n'est pas rare de voir l'animal détaler brusquement après avoir provoqué une étincelle en frôlant un objet métallique. Il est vraisemblable que cette sensibilité en fait la victime de diverses influences en relation avec les changements de temps.

Chien

Le chien est l'un des plus anciens compagnons animaux de l'homme. Loin de vivre en parasite, il s'est souvent contenté des déchets que laissait son maître. Il s'est aussi distingué par de brillantes opérations de sauvetage, et par son travail plus discret de chien de vacher ou de berger. La chasse est son domaine favori. Deux dictons l'évoquent :

Vent du nord,
Chien dehors.
Par vent d'est,
Chien au chenil reste.

Le vent d'est, desséchant, brouille la piste du gibier, tandis qu'un vent plus humide transmet mieux les odeurs et rend le travail du chien plus efficace.

Cet animal fournit en outre une mine de renseignements à propos du temps. On peut prévoir la pluie lorsque
« les chiens grattent la terre ;
— le museau en l'air, ils semblent flairer le vent (Vosges) ;
— les chiens mangent du chiendent (Bretagne ; Bourbonnais) ;
— le chien du berger gratte le sol (Ardenne) ;
— il mange de l'herbe (Huy, Belgique) ;
— il paraît engourdi et inquiet ;
— son ventre gargouille ;
— il aboie sans raison ;
— il cache en terre les os qu'on lui donne ».

Un dicton restitue ces observations de manière plus élégante :

Chiens tristes se roulant, se couchant à couvert,
Bientôt de mauvais temps vous aurez un revers.

Dans le Vivarais, on annonçait un temps froid si l'on remarquait que le chien ne tenait pas en place.

On prévoit un grand vent si
« le chien se roule à terre ;
— le chien a le museau en l'air ;
— le chien de garde gratte la terre comme s'il voulait se faire un terrier ;
— il gratte le parvis de son chenil ».

Coq, poule, poussins

Le coq est une des figures de proue de la météorologie animalière. Du haut de son tas de fumier, le coq dirige en maître le cours du temps. Divers dictons se contentent de le décrire à différents moments de l'année. On dit ainsi :

Entre Noël et la Chandeleur, les coqs sont fous.
ou
De la Noël à la Chandeleur,
Les coqs sont tout déroutés.

Il n'est pas étonnant qu'un dicton cite le coq le 29 juin, à l'occasion de la Saint-Pierre. L'épisode des Évangiles qui mit en relation les deux personnages en fournissait l'occasion rêvée.

A la Saint-Pierre, coq chantant
Est présage de mauvais temps.

Il est aussi question d'un coq en été, mais d'une nature quelque peu différente. On entend dire :

Quand en été le haut coq boit,
La pluie soudain vient et paroit.

Si le coq boit en été, bientôt il pleut.

Quand le coq boit, la pluie n'est pas loin.

Quand en été le coq boit,
La pluie est au-dessus des toits.

Il s'agit en réalité du même coq que dans le dicton suivant, relatif à la fête mobile du dimanche des Rameaux :
« Le vent qui a soufflé pendant l'office du Dimanche des Rameaux sera le vent de l'année : c'est le coq qui en décide. »

Il s'agit donc du coq du clocher, la girouette du village. Ce coq semble boire quand il se trouve dans un stratus proche du niveau du sol. Un tel phénomène, surtout en été, prélude à l'apparition d'une bruine tenace.

Le Mardi-Gras n'est pas un jour de fête pour tous. Chez les coqs, on porte le deuil. Il était en effet de coutume de tuer un coq pour le repas, sans quoi il ne restait qu'une alternative :

A Mardi-Gras, qui n'a pas de viande tue son coq.
Qui n'a pas de coq tue sa femme.

C'est ensuite en septembre que nous retrouvons notre chanteur, avec ce dicton :

Le coq en septembre chantant la matinée
Annonce une abondante rosée.

Le chant du coq, qui fut souvent maudit par son propriétaire, a fait l'objet de bien des controverses dans le monde paysan. Jugez-en par ces diverses remarques :

Le mauvais temps et la pluie s'annoncent lorsque
« le coq chante tard le soir ;
— il chante dans le poulailler ;
— il chante à 14 heures ;
— il bat des ailes ;
— il chante le matin entre 4 et 5 heures ou le soir entre 10 et 11 heures ;
— il se réveille plus tôt que d'ordinaire ».

Plusieurs dictons le confirment :

Si entre trois et quatre le coq a chanté,
Le temps s'est gâté.

Si le coq chante le soir,
C'est signe qu'il va bientôt pleuvoir.
ou
La pluie court derrière.

Quand le coq chante avant la nuit,
Signe de pluie.

Quand le coq chante à la veillée,
Il a déjà la queue mouillée.

Quand le coq chante de couché,
Signe que le temps veut changer.
S'il chante de trop grand matin,
La pluie est en chemin.

Si le coq chante avant minuit,
C'est du brouillard ou de la pluie.

Quand le coq chante souvent,
Signe de changement de temps.

Car le coq peut annoncer toutes les intempéries possibles ; le vent, par exemple :

Coq à dix heures chantant
Annonce le vent ;

mais aussi l'orage « s'il chante à des heures indues » ; le froid « s'il chante le soir ». Dans le Poitou et le Quercy, c'est le brouillard qu'on attend « si le coq chante en pleine nuit ».

Les marins disent aussi que si l'on entend en mer le coq chanter, on peut s'attendre à l'arrivée d'un grain redoutable. Puisque, comme nous l'avons vu p. 117, le comportement de la vache à bord était aussi plein de signification, il semble bien que les navires au long cours constituaient de vraies petites fermes flottantes.

Le coq serait-il condamné à n'annoncer que le mauvais temps ? Pas tout à fait, puisqu'on dit qu' « il fera beau lorsque le coq chante en dehors de son heure habituelle, ou s'il se perche haut pour chanter ». En Bretagne, on est encore plus précis : « Quand les coqs chantent, le soir, après 10 heures, dans le temps de l'Avent, l'hiver doit être doux. »

Enfin, ne l'oublions pas,

Si le coq chante à midi,
Signe d'un temps de paradis.

La plupart de ces remarques sont donc fondées sur le chant du coq. Or, selon toute évidence, il semble que ce chant fasse partie des manœuvres amoureuses du gallinacé plutôt que d'un éventuel programme de prévisions météorologiques. Mais sait-on jamais...

La compagne du coq n'est pas moins bonne météorologue que son maître et seigneur, comme nous le verrons. Le paysan ne néglige pas ses avertissements, mais il est surtout soucieux de la voir accomplir sa besogne de pondeuse et de couveuse. Il sait que cette fonction est liée au cycle des saisons. L'hiver voit diminuer fortement la ponte des œufs, tandis que le début de l'été en est la pleine saison.

Saint-Antoine ouvre le derrière des poules. (13 juin)
En août, les gelines (= les poules) *sont sourdes.*

Entendez : « muettes ». On n'entend plus le chant triomphal qu'elles entonnent après la ponte.

A Saint-Eusèbe, (14 août)
Ponte de poule est faible.
(Picardie)

On a constaté que la durée du jour joue un rôle primordial dans la ponte. La poule pond lorsque les journées sont suffisamment longues, et souvent au lever du jour. C'est pourquoi de nombreux éleveurs ont équipé leurs pondoirs d'un éclairage, doté d'un rhéostat, qu'ils actionnent deux fois par jour en simulant les crépuscules. Ils obtiennent ainsi souvent deux œufs par jour au lieu d'un.

Trahissant son impatience coutumière d'obtenir une estimation des futures récoltes, le paysan se livrait dès le 2 février à des spéculations de ce genre :

Si la Chandeleur est goutteuse,
Les vaches seront laiteuses
Et les poules pondeuses.

La couvaison est l'étape suivante. Elle intervient surtout au début de juin, comme l'atteste ce dicton venu du Nord.

Quand le blé est en fleurs, mettez couver les poules.

Il fallait bien choisir le moment de laisser des œufs à couver, afin que les poussins ne naissent pas dans une phase lunaire jugée défavorable. On prétend en Normandie que « les poulets éclos *en morte lune* (= nouvelle lune) s'élèvent difficilement ».

De plus,

Les poussins du mois d'avril
Sont toujours rabougris.
ou
Sur la gerbe font leur nid.

La seconde version n'a rien de pessimiste : elle prévoit seulement que les nouveaux-nés d'avril seront adultes après la moisson. Un bel avenir, en tout cas, était promis aux poussins du mois d'août.

« Les poulets du mois d'août n'ont jamais le derrière clos. »

Pour compliquer les choses, une superstition interdisait aux poules de couver le 24 juin. La resquilleuse trop zélée se faisait tordre le cou :

Saint Jean rencontrant poules couvant
Leur tortille le cou en passant,
Ou meurent dans l'année bêtes et gens.

Si Saint Jean voit poules couvant,
Il y a mort de bêtes ou de gens.

C'est vers la mi-mai que l'on vendait les poulettes nées l'année précédente et prêtes à la reproduction :

Bon fermier à Sainte-Juliette (18 mai)
Doit vendre ses poulettes.
(Picardie)

De nombreuses prévisions du temps sont basées sur l'observation du comportement de la poule et des poulets. On peut prédire la pluie et le mauvais temps lorsque

« les poules se roulent dans la poussière ;
— elles se couchent au soleil dans la poussière ;
— elles battent des ailes ;
— elles se couchent tard ;
— elles s'attardent à picorer le soir ;
— elles se plument furieusement du bec ;
— elles se grattent en dessous des ailes ;
— elles se perchent ».

Plusieurs dictons et formules nous proviennent d'un peu partout :

« Lorsque les poules se couchent tard, c'est signe de pluie pour le lendemain. »

« Les poules qui s'épouillent dans la poussière plus que d'ordinaire, les coqs qui chantent au crépuscule ou hors de leurs heures accoutumées marquent la pluie. » (Provence)

Quand les poules s'épouillent à l'abri,
C'est la pluie.

Le présage le plus sûr peut se déduire au commencement de la pluie. Celle-ci sera de courte durée si les poulets courent s'abriter, tandis qu'elle sera persistante s'ils restent sous l'eau :
« Quand la pluie se met à tomber, considère le manège des poules. Si elles continuent à circuler, guettant leur nourriture sous l'averse, la pluie sera tenace ; mais lorsqu'elles se blottissent sous un abri, le mauvais temps ne durera pas. »
(Bourbonnais)

« Quand les poules cherchent le couvert, au commencement de l'ondée, c'est signe que celle-ci durera peu. Si elles se couchent tard, les toits seront mouillés le lendemain et ne sécheront pas de la journée. » (Vosges)

Si les poules restent sous la pluie,
Celle-ci n'est pas de sitôt finie.

Si quand il pleut les poules vont à l'abri,
Dites que la pluie s'en va finie.
Si elles restent dehors et se laissent mouiller,
Ne pensez pas que la pluie va cesser.

On s'attend à de l'orage lorsque

« les poules battent des ailes ;
— elles se serrent les unes contre les autres ;
— les poulets se grattent nerveusement sous l'aile ».

On dit aussi :

Dans la poussière on voit les poules
Avant l'orage qui se roulent.

Enfin, on affirme en Ardèche que « lorsque les poules se mettent en boule, c'est signe de froid ».

Et le beau temps ? Il est prévu aussi, mais seulement si « les poules rentrent de bonne heure au poulailler » ou si « elles volent sur les buissons et les chariots dans les cours des fermes ».

Un manque de vitamines ou d'autres éléments incite parfois les poulets et les poules à piqueter et déplumer partiellement leurs congénères. Curieusement, on a mis ce comportement en rapport avec la précocité du prochain hiver.
« Quand les poules commencent à se déplumer par la tête, c'est signe de grand hiver. »
« Quand les poules se déplument par la tête, semez tôt. Par la queue, semez tard. » (Franche-Comté)

Canard

Le canard est l'oiseau de pluie par excellence. De là l'expression « un temps de canard ». On dit aussi :

S'il pleut à la Saint-Médard,
C'est du beau temps pour les canards.

Puisqu'on attend, après une Saint-Médard pluvieuse, quarante jours de pluie.

Le canard d'élevage reçoit une mention spéciale le 11 juin. C'est alors que son propriétaire le regarde d'un œil gourmand, car :

A la Saint-Barnabé,
Canards potelés.

(Picardie)

Il est évoqué dans de nombreux dictons. Tous établissent une relation entre une agitation inhabituelle du canard sur l'eau et un mauvais temps probable.

Quand les canards battent de l'aile dans le ruisseau,
Bientôt le laboureur aura de l'eau.

(Savoie)

Canard qui nage,
Poisson sautant,
Appellent l'orage,
La pluie, le vent.

Si le canard crie,
C'est signe de pluie.

Canard qui bat des ailes et plonge dans l'onde
Est signe de pluie à la ronde.

D'autres remarques ont été transmises sous une forme plus prosaïque. Ainsi, il pleuvra si
« les canards plongent et replongent dans l'eau (Haute-Bretagne ; Vosges) ;
— les canards se lavent et s'agitent dans l'eau » (Belgique).

En Provence, on dit parfois :
« Le canard et l'oie qui, avec le beau temps volent de-ci de-là, crient et plongent dans l'eau marquent la pluie et l'orage. »

Il y aura également de l'orage « si les canards volent sur la surface des eaux, caquètent, plongent et battent des ailes ».

C'est le vent qui est annoncé quand
« les canards sont inquiets et nasillent ;
— ils sont inquiets le matin et s'ébattent sur le bord des eaux ».

On prévoit le mauvais temps « si les canards se dressent sur leurs pattes, battent des ailes en poussant des cris et paraissent se réjouir (!) » (région de Huy).

Pour ce qui est des canards sauvages, leur apparition prématurée annonce le froid.

Dindon

En Provence, on dit, en voyant les dindons rentrer à l'abri, que la pluie va arriver. En Belgique, on tire la même conclusion si on les voit se rassembler et se percher, ou s'ils se mettent à glouglouter en grand vacarme.

Oie

L'oie domestique, comme l'oie cendrée, pond habituellement en février, de sorte qu'en mars naissent les jeunes. Au début juillet, on commence à vendre les jeunes oies, qui auront atteint leur taille adulte au début d'août. C'est vers la mi-novembre qu'elles finissent le plus souvent leur course d'une façon malheureuse.

En février,
Toute oie de bonne race pond sur le fumier.

A la mi-février,
La bonne oie doit couver.

A Sainte-Zoé, (5 juillet)
Jeunes oés (= oies).
(Picardie)

A Saint-Geoffroy, (3 août)
Les oisons sont oies.
(Picardie)

A la Saint-Martin, bonde ta barrique, (11 novembre)
Vigneron, fume ta pipe,
Mets l'oie au toupin (= à la casserole),
Et convie ton voisin.

La pluie de mars a la réputation d'être peu favorable à l'oie.

Pluie de mars
N'engraisse ni oie ni jars.

Il est probable qu'un temps froid éviterait une croissance précoce de la végétation, ce qu'apprécieront plus tard tous les animaux qui s'en repaissent.

Certains paysans affirment qu'il doit faire mauvais, et même pleuvoir si
« les oies se promènent dans les prés en *cacardant*
(Ardenne) ;

— elles trépignent ;
— elles criaillent en étendant les ailes ;
— elles agitent la queue et battent des ailes ».

Antoine Mizauld annonce aussi la pluie, ou encore la tempête, lorsque les oies se précipitent aux prés en gergonnant. On peut encore lire dans *l'Évangile des Quenouilles :*

Quand les oies se baignent et se débattent dans l'eau, il n'y aura aucune faulte qu'il ne pleuve cellui jour.

Il y aura du vent ou de la tempête si
« les oies essaient de prendre leur vol ;
— elles claquent des ailes ».

L'orage menace si les oies « volent à la surface des eaux, en plongeant, criant et battant des ailes ».

Enfin, on répète encore dans le Bourbonnais :
« Il y a signe d'orage lorsque les oies énervées ne cessent de s'ébattre à l'envi dans l'eau ou, à défaut d'eau, font un simulacre de plongeon et de baignade dans la moindre flaque. »

Pintade

La pintade annonce un seul type de temps : la pluie. La sentence la plus courante est celle-ci :

La pintade perchée qui crie
Appelle la pluie.

C'est encore la pluie qui surviendra lorsque :
« les pintades ne cessent de pousser leur cri strident ;
— elles crient le soir ;
— elles se perchent ».

Canari

Selon certains de leurs propriétaires, les canaris et perroquets « babillent à tort et à travers », « se lissent les plumes » ou « ne s'endorment pas le soir » lorsqu'il y a risque d'orage.

Serin

L'espèce domestiquée se reproduit à la mi-février. La date rêvée pour rappeler la nécessité de les accoupler n'est-elle pas le 14 février, jour de la Saint-Valentin, fête des amoureux ?

A la Saint-Valentin,
Vous accouplez les serins.
(Picardie)

Perroquet

Le perroquet est à l'origine de deux prévisions du temps, toutes deux recueillies en Belgique, dans la région liégeoise. On y prétend que le temps va se gâter s'il devient bavard, et qu'il y aura de l'orage si, en outre, il lisse ses plumes et ne parvient pas à s'endormir.

il pleut, un peu, beaucoup
passionnément...

Les plantes

Plantes sauvages

Ajonc

L'ajonc peut résister à une grande sécheresse, laquelle sera peu appréciée de la brebis, qui n'aura que peu de foin cette année-là :

> *Quand l'ajonc fleurit,*
> *La brebis pâtit.*

Il est possible que le dicton évoque plutôt le jonc, qui fleurira si le temps reste humide sur une longue période. Cet excès d'humidité occasionne bien des désagréments au mouton, dus entre autres choses à la prolifération de la vermine dans les pâtures.

En Belgique, on estime qu'il pleuvra si l'on voit la tige de l'ajonc se redresser.

Bruyère

La variété la plus courante de bruyère, la *callune vulgaire*, couvre parfois de vastes territoires sur sols siliceux. La floraison de la bruyère donne lieu à un pronostic sur la sévérité de l'hiver prochain, connu sous deux formes :
« Quand l'épine noire et la bruyère ont des fleurs en abondance, on peut s'attendre à avoir beaucoup de neige l'hiver suivant. »

« Si la bruyère fleurit en abondance au début de l'automne, elle annonce un hiver de longue durée ; si les fleurs couvrent seulement le haut et le bas des tiges, le début et la fin de l'hiver seront rigoureux. » (Vosges)

Il semble pourtant que l'importance de la floraison tient plus au temps qu'il fait lors de la formation des fleurs qu'à celui qu'il fera quelques mois plus tard.

Canne

Un dicton provençal annonce :

Canne qui fleurit et porte plumet,
Gros froids vous aurez.

Même commentaire que pour la **bruyère.**

Chardon

Le gros problème consiste à se débarrasser définitivement de ces poacées, si possible avant que le vent ne puisse disperser leurs graines munies d'une aigrette plumeuse de poils soyeux. Comment faire pour ne plus les voir repousser ?

Pour détruire vos chardons,
En décours tracez vos sillons.

Le *décours* est la période de lune décroissante.

Il ne faut pas couper le chardon
Le jour de l'Ascension,
Il en viendrait dix sur un même tronc.

Le *chardon à foulons* n'appartient pas à la même famille. Il s'agit d'une dipsacée dont les capitules étaient autrefois employés pour carder le drap. Il pouvait aussi « prévoir le temps ». Il paraît en effet que ses fruits s'ouvrent lorsque l'air est sec, et se ferment si l'humidité de l'air devient importante.

A La Canourgue, en Lozère, subsiste une ancienne pratique : on accroche un chardon à la porte de la maison. S'il se ferme, c'est signe de pluie ; s'il s'ouvre, signe de beau temps.

Chiendent

Cette herbe plaît beaucoup aux chiens, qui aiment parfois la mâcher. Ce comportement reçoit l'interprétation suivante : « Lorsque les chiens mangent le chiendent, la pluie est proche. » (Bretagne-Bourbonnais)

Drave printanière

La drave est une plante herbacée de la famille des crucifères. Si la drave ferme ses feuilles, il faut s'attendre à de l'orage, dit-on. Et si ses fleurs blanches penchent vers le sol, c'est une tempête qui se prépare.

Fougère

La fougère n'annonce pas le temps qu'il va faire, mais elle a tout de même une information à donner :

Où pousse la fougère,
C'est la bonne terre.

En fait, tout dépend de ce qu'on veut faire pousser dans cette « bonne terre ».

Genêt

Le genêt, proche parent des ajoncs et du cytise, fleurit le plus souvent dès le mois de mai, comme les haricots. C'est pourquoi l'abondance des fleurs du genêt laissait présager une bonne récolte de haricots.

Genettes bien fleuries,
Haricots bien garnis.

La mi-mai voit aussi les derniers risques de gelée : « Quand le balai (= le genêt, dont on faisait des balais) est en fleur, la gelée n'est plus à craindre. » (Berry)

Genêt fleuri,
Gel enfui.

Aux environs de Hockai, en Belgique, le genêt est consulté pour une prévision météorologique : il pleuvra si sa tige se redresse.

Héliotrope

L'héliotrope (du grec *heliotropion*, de *hêlios*, soleil et *tropos* action de tourner) appartient à la même famille que le myosotis et la bourrache. Son nom vient de ce que l'on croyait, à l'instar du grec Théophraste, que la plante tournait pour suivre le cours apparent du soleil. Certains prétendent que sa fleur a tendance à se fermer à l'approche de la pluie.

Jonc

Le mois de décembre ne vaut rien pour personne, ni pour aucune plante. Le jonc n'y fait pas exception :

En décembre, journée courte, longue nuit ;
L'abeille se tait, le jonc gémit.

(Belgique)

Un second dicton cite le jonc, mais il reste très mystérieux :

A l'Ascension,
La belle sur le jonc,
La laide sur le tronc.

Liseron

La fleur du liseron (*Convolvulus arvensis*) se ferme la nuit pour s'ouvrir le jour. Sa sensibilité à la lumière explique ce phénomène : il faut un temps clair pour qu'elle s'ouvre ou

reste ouverte. On en tirait autrefois les prévisions suivantes : « il y aura de la pluie ou de l'orage si les fleurs du liseron des champs se ferment ;
— il pleuvra si le liseron n'ouvre pas sa corolle blanche avant 10 heures du matin. »

Mouron

Le mouron est l'une des plantes les plus consultées en météorologie populaire. Son comportement est pourtant identique à celui de nombreuses autres plantes. C'est surtout le mouron rouge qui sert de référence. On conclut un peu partout qu'il pleuvra s'il ferme ses corolles.

En Belgique, on observe aussi le mouron des oiseaux, mauvaise herbe si tenace qu'elle a donné naissance à l'expression *se faire du mouron*. En l'observant le matin, on pouvait se faire une idée de ce que serait la journée. Ainsi, il pleuvrait si ses fleurs restaient fermées et inclinées « de façon que l'eau n'y pénètre pas ».

Plantain

Le Picard est très attentif à la croissance du plantain, qu'il inclut volontiers dans l'alimentation de ses lapins. Sa floraison est remarquée le 18 juin :

A Saint-Florentin
Fleurit le plantain.

Les variétés de plantain les plus courantes en Picardie sont le plantain lancéolé et le plantain à feuilles larges. Leur floraison s'étale de mai à septembre. Le Saint du 18 juin a probablement été choisi pour la rime facile.

La mise à graine a lieu ensuite du début de l'été à la fin de l'automne. Le dicton suivant où, sûrement, la rime joue encore un grand rôle, vaut donc indifféremment pour la Saint-Justin du 8 août ou celle du 26 septembre.

A Saint-Justin
Est à graines le plantain.

Ronce

Les ronces sont la hantise des défricheurs. Un dicton picard promet cependant leur destruction, à des conditions très précises, il est vrai.

« Quand il gèle du vent de France (en Picardie, c'est le vent du Sud-Est), les ronces meurent. »

C'est le plus souvent en août que se fait la cueillette des mûres, ces baies noires et sucrées produites par les ronces. Si elles sont parvenues à maturité en juillet, le temps très chaud

qui l'a permis a la renommée d'être néfaste pour de nombreux vignobles. Voilà pourquoi l'on dit :

Au mois de juillet,
Bouche noire et gosier sec.

Dans certaines régions, l'hiver à venir se jaugeait à la quantité des mûres de l'été. Un dicton l'illustre, livré ici sous toutes réserves :

Beaucoup de mûres
Veulent hiver dur.
(Gard)

Sureau

Le sureau est fort apprécié des amateurs de bonne confiture. Ses grappes noires généreuses, si aisées à récolter, permettent également la confection d'un sirop réputé contre la toux. Il convenait donc que la tradition orale s'en empare et décrive par le menu ses stades phénologiques.

A Sainte-Colette, on voit à vue d'œil (6 mars)
Au sureau pousser les feuilles.
(Picardie)

En avril, (variante : *en mai*), *le sureau doit fleurir,*
Sinon le paysan va souffrir.
(Alsace)

Ces dates de floraison ne correspondent pas à celles du sureau noir, le plus courant en Europe et qui fleurit généralement en juin-juillet. Il s'agit plutôt du sureau à grappes, le *Sambucus racemosa,* qui fleurit bien en avril/mai.

Tussilage

Si le tussilage ou *pas-d'âne* fait la joie des amateurs de plantes médicinales, il n'en va pas de même des fermiers, que cette « mauvaise herbe » a le talent d'irriter. Chacun y va de sa petite recette personnelle pour l'éliminer. Dans certains coins de Belgique, on disait :

Arrache le pas-d'âne à la Saint-Eusèbe, (14 août)
Il ne sortira plus jamais de la glèbe.

Romarin

Le romarin se plaît en des terrains arides. C'est une plante de la garrigue. On dit donc dans le Midi :

Terre de romarin,
Terre de peu de vin.

Thym

Les nombreuses propriétés médicinales du thym et sa robustesse l'ont fait adopter sous bon nombre de climats. Les Picards ne l'ont pas oublié, et l'ont associé au serpolet, autrement appelé *thym sauvage*.

A Saint-Augustin, (28 août)
Le soleil a grillé le serpolet et le thym.

Gui

En Ardenne existait la coutume suivante : le 29 septembre, jour de la Saint-Michel, on ouvrait des baies de gui afin de prédire la tournure que prendrait l'année suivante. Si les baies étaient bien remplies, on aurait de tout en abondance. Si elles étaient maigres et sèches, l'année serait sèche et chaude. Si elles étaient vides et humides, l'été serait humide et froid.

De plus, on prévoyait de fortes neiges et un hiver prématuré si le gui portait de nombreuses baies.

Lierre

Un dicton picard évoque la période habituelle de floraison du lierre.

A Saint-Pierre (1er août)
S'épanouit le lierre.

Le lierre fleurit habituellement à partir de septembre, sauf peut-être dans les régions les plus méridionales. S'il s'agit du lierre terrestre, *Glechoma hederacea,* il fleurit d'avril à septembre.

En Bourgogne, où rien n'est négligé pour évaluer la future production des vignobles, on entend parfois dire :
« Si le lierre dégraine (= perd ses graines), il y aura bien du raisin. »

Le lierre en arrive à ce stade lorsque le soleil a été particulièrement actif. Le temps chaud permettra aussi de grossir le raisin.

Mousse

La mousse réduit sensiblement le rapport d'un pré. C'est l'idée qu'exprime ce dicton :

Lune mécrue,
Femme barbue
Et pré moussu
Ne portent pas de gros revenus.

Les prés couverts de mousse sont le triste spectacle offert par la campagne lorsqu'une pousse d'herbe trop précoce a été anéantie par un retour du froid. Aussi disait-on :

Si l'herbe en janvier déjà pousse,
Le reste de l'an ne sera que mousse.

Champignon

Il est bien connu que le champignon pousse lorsque l'humidité ambiante est suffisante. Tous les pronostics basés sur le champignon annoncent donc le mauvais temps et la pluie.
« Quand les champignons noirs (les coprins) poussent sur le fumier, mauvais temps. »

Quand on voit en été
Champignons sur le fumier,
C'est que la pluie va tomber.

Une année de champignons est une année où les précipitations sont très abondantes. Deux dictons y voient avec raison un mauvais présage pour les cultures.

Année de champignons, année tourmentée.

Année champignonnière,
Année de misère.

Morille

Ce champignon très recherché se récolte surtout dans les bois au printemps. Comme la majorité des champignons, la morille demande alors un temps doux et humide. Si la pluie du printemps est plutôt favorable aux cultures céréalières, il n'en va pas de même de la chaleur. C'est pourquoi l'on disait :

Beaucoup de morilles, petits greniers.

Truffe

Deux dictons nous arrivent du Périgord, patrie de la truffe et du marron.

Pluie d'août fait truffes et marrons.

Quand il pleut au mois d'août,
Les truffes sont au bout.

Algue

Dans beaucoup de maisons bretonnes, on utilise des algues séchées comme baromètre ; on dit qu'elles annoncent la venue de la pluie si elles redeviennent molles et humides. Cette tradition se fonde sur la sensibilité des fibres séchées à l'état hygrométrique de l'air.

Les algues des étangs et des marécages ont aussi été observées en Belgique : si elles montent à la surface de l'eau, il fera beau, mais il pleuvra si elles redescendent dans le fond.

Nénuphar

Le nénuphar réagit aux modifications de l'humidité de l'air. On dit que le nénuphar blanc ferme sa fleur et la cache sous l'eau à l'approche de la pluie.

Dans le Berry, on a constaté que les feuilles du nénuphar (blanc ou jaune) réapparaissent à la fin avril. D'où la conclusion : « lorsque le *plateau* ou la *nappe* du nénuphar sort de l'eau, la gelée n'est plus à craindre. »

Arbres

Les divers arbres sont étudiés à leurs noms respectifs, mais pas mal de dictons et de pronostics évoquent les arbres en général. Quelques-uns évoquent l'alternance des saisons, et l'apparence de mort et de renouveau que présentent les arbres tout au long de l'année.

A la Saint-Maur, (15 janvier)
Tout est mort.

A la Saint-Robert, (29 avril)
Tout arbre est vert.

A la Saint-Ildevert, (27 mai)
Est mort tout arbre qui n'est point vert.
(Picardie)

Beaucoup d'autres dictons rappellent le moment de planter les arbres. Le moment idéal se situe de la mi-novembre à la mi-décembre, soit vers la Sainte-Catherine (25 novembre) :

A la Sainte-Catherine,
Tout bois prend racines.

Entre Catherine et Noué (= Noël),
Tout bois est bon à planter.
(Bretagne)

Si certaines espèces peuvent encore êtres plantées en janvier et février, le moment est moins bien choisi :
« Tout arbre que l'on plantera le jour de la Saint-Maur (15 janvier) périra sans avoir repris racines. »

« A Saint-Silvain (20 février), froid ou bien chaud, mettez les derniers arbres dans le trou. » (Picardie)

Il est trop tard à Saint-Pépin (21 février)
Pour planter les arbres à pépins.
(Picardie)

Les arbres doivent aussi être taillés en hiver. Il était recommandé pour cela d'attendre le décours de la lune, période où cette dernière est censée ne plus exercer une action ascendante sur la sève. D'autres prescriptions étaient suivies en matière d'abattage, selon que le bois était destiné au chauffage ou au façonnage.

Au décours de janvier,
La serpe au bois et le levier.

« Si vous voulez du bon bois d'œuvre, il faut l'abattre à la lune vieille. » (Auvergne)
« Il faut couper en lune vieille les arbres destinés au bois de service, pour que les vers ne s'y mettent pas. » (Corse)
« Le décours convient à la taille des arbres. »
« Abats ton bois tendre en cours, et ton bois dur en décours, si tu ne veux pas que les vers s'y mettent. »

C'est en mars qu'apparaissent la plupart des bourgeons.

Janvier engendre,
Février attendrit,
Mars fait naître les boutons,
Avril les ouvre,
Mai fait la feuille.

Mars a ses devoirs,
Il fait naître les boutons,
Avril les ouvre,
Mai déroule la feuille.

Si la neige survient alors, le froid risque de tuer ces boutons de vie :

Neige de mars brûle le bourgeon.

Quand vient le printemps, la verdure renouvelée ragaillardit le paysan.

A Saint-Gobain le bois prend feuilles,
La futaie pousse à vue d'œil.
(Picardie)

Ce dicton ne peut se fonder sur la date « officielle » de la Saint-Gobain, le 20 juin. A cette date, il y a beau temps que « le bois a pris feuilles ». Il s'agit donc d'une célébration locale de ce saint, populaire en Picardie. Quant au dicton suivant, il est résolument optimiste.

Pâques ne viennent jamais sans feuilles.
(Belgique)

Ce phénomène saisonnier donne lieu à diverses spéculations :

Si la neige tombe sur la feuille au printemps,
En automne elle le fera aussi assurément.
(Vosges)

« Le coucou avant les feuilles annonce beaucoup de paille mais peu de grain. » (Belgique)

Quand le coucou arrive déshabillé,
Peu de paille, beaucoup de blé.

Le premier dicton contient une prédiction à long terme sans aucun fondement, tandis que les autres sont plus sérieux (voir à **coucou,** p. 28).

C'est ensuite dans l'arrière-saison et en automne que les yeux se tournent de nouveau vers le feuillage des arbres. La fin septembre permet de constater que les feuilles commencent à décliner, après quoi les dictons évoquent avec nostalgie la chute lente — ou précipitée — des feuilles mortes.

A Sainte-Justine, (21 septembre)
Toute feuille s'incline.

En automne, dur est le grain,
Feuilles tombées, étangs pleins.
(Ardenne)

Vent d'octobre est la mort des feuilles.

A la Saint-Bruno, (6 octobre)
Les feuilles tombent dans le bô (le bois).
(Picardie)

Vent de novembre arrache la dernière feuille.

Là encore, les paris vont bon train. Un peu partout, les vieux paysans psalmodient parfois :

Chute des feuilles tardive,
Froidure sera vive.

Et l'on dit en Berry que « si les feuilles des arbres et de la vigne ne tombent pas avant la Saint-Martin (11 novembre), l'hiver sera rigoureux ; si à la même époque il fait sec et froid, l'hiver sera doux ».

Les statistiques ne permettent pas d'établir une relation entre les phénomènes ainsi évoqués. En revanche, l'observation suivante est nettement plus plausible :
« Quand les feuilles sèches et les brins de paille sont soulevés en tourbillon, la pluie est proche ou la tempête. »

Pendant la belle saison, les Ardennais voient un présage de pluie lorsque les feuilles des arbres « se resserrent la face et montrent leur dessus ».

Acacia

Tant que verdit l'acacia,
L'automne n'entre pas.

Il s'agit très exactement du *robinier faux-acacia*, appelé communément « acacia ». Cet arbre perd généralement ses feuilles en quelques jours, après les premières gelées de l'automne, sans qu'elles aient eu le temps de changer de couleur.

Chêne

C'est normalement en avril que le chêne pédonculé se couvre de feuilles. On dit donc dans le Berry :

Au mois d'avril,
Le chêne rit.

C'est l'époque d'une rivalité annuelle entre le chêne et le frêne. Le gagnant décide de la tournure de l'été.

Regardez bien la pousse des arbres :
Si le chêne est vert avant le frêne,
Vous serez sec jusqu'à l'automne ;
Si le frêne est vert avant le chêne,
Tout l'été sera mouillé.

A l'autre bout de l'année, les Ardennais prévoient un hiver très rigoureux si les feuilles mortes restent attachées aux chênes des taillis.

Le chêne se couvre parfois de protubérances appelées *noix de galle*, provoquées par un insecte parasite, le cynips. La galle du chêne, riche en tanin, est employée pour la fabrication de teintures. Dans un document du XVIIe siècle, Marc-Antoine Maginus nous livre une observation mystérieuse, connue également en Ardenne :

Si tu regardes dans la pomme
D'un chêne, tu y verras comme
Sera l'un de ces trois divers :
Une mouche, une iraigne, un ver.
Si une mouche : attends la guerre ;
Si un ver : force biens sur terre ;
Et s'il s'y trouve une iraignée,
Mortalité toute l'année.

En diverses régions, l'abondance de noix de galle présageait un hiver prématuré.

Le chancre est une plaie de l'écorce provoquée par un champignon ascomycète. Cette intrusion stimule la production de fruits, d'où les dictons suivants, dont le second contient une déformation du premier :

« Annéee de glands, année cancéreuse », c'est-à-dire « année chancreuse » (pour le chêne), car le mot *chancre* vient du latin *cancer*, ulcère. Cette « année chancreuse » a fait place, dans un autre dicton, à une prédiction plus réjouissante :

Année glanduleuse,
Année chanceuse.

Les glands retenaient particulièrement l'attention à l'époque où ils constituaient une part essentielle de l'alimentation du porc. Le temps peut influencer fortement la production de l'année, surtout pendant la floraison. Les dictons considèrent la pluie comme néfaste pour les glands, depuis la floraison jusqu'à la pleine maturité des fruits.

« S'il pleut le premier mai, le cheval gagne son procès et la truie le perd. »

Un dicton se singularise :

S'il pleut le jour de Saint-Gengoul, (11 mai)
Les porcs auront de glands leur soûl.

Esprit de contradiction ? Peut-être un accident de transmission orale, la formule primitive étant « *n*'auront de glands leur soûl » ?

La pluie de Saint-Jean
Ôte noisettes et glands.
ou
Emporte la noix et le gland.

Les deux dictons suivants concernent bien la période considérée, mais s'agit-il de Saint-Jacques le majeur (1er mai) ou de Saint-Jacques le mineur (25 juillet) ?

Si Jacques l'Apôtre pleure,
Bien peu de glands il demeure.

Saint-Jacques pluvieux,
Les glands malheureux.

Le 25 juillet, en tout cas, est une date plausible, puisque, jusqu'au 7 août, au moins, la pluie est néfaste.

Pluie le premier vendredi d'août, c'est
Que les porcs perdront leur procès.
(Ardenne)

C'est en octobre que les glands ont acquis leur pleine maturité.

A la Saint-Amand (26 octobre)
Sont mûrs les glands.

Même en hiver, l'humidité peut nuire aux glands, car elle éloigne la gelée, qui favorise la future floraison du printemps.

Quand le soleil brille le jour de l'an,
C'est signe de glands.

Pluie d'hiver à la Saint-Jean (27 décembre)
Enlève noisettes et glands.

Ce dicton s'inscrit dans une tradition vivace qui aime à faire de la Saint-Jean d'hiver le symétrique de la Saint-Jean d'été.

Si, en dépit de tout, les glands s'obstinent à pousser et mûrir, ne nous réjouissons pas trop vite, car

An qui produit par trop de glands
Pour la santé n'est pas bon an.
(Nivernais)

Enfin, le dicton suivant évoque plutôt le symbole sexuel que constitue le gland :

Année de glands,
Année d'enfants.

Chêne-liège

Il arrive qu'en avril, le chêne-liège se dépouille déjà de son écorce. En ce cas, il recommencera, car

Chêne qui pèle en avril pèle deux fois.

Epicéa

On utilise les crossettes d'épicéa pour prédire le temps. La méthode employée dans le Jura et les Vosges est très simple : il faut se procurer un morceau de tige d'épicéa porteur d'un jeune rameau, une planchette et deux clous. Coupez la tige à dix centimètres de chaque côté du rameau et enlevez l'écorce. Clouez ensuite la tige sur la planchette, de façon que le rameau puisse se déplacer parallèlement à celle-ci. Sous l'action de l'humidité, le rameau se redresse, et il s'abaisse quand il fait sec.

Il semble que les tissus situés à la jonction entre le rameau et la tige soient plus serrés au-dessus qu'en dessous. L'humidité est donc mieux absorbée en dessous, faisant gonfler davantage le tissu, ce qui fait se redresser le jeune rameau.

Le cône d'épicéa est également employé en météorologie populaire, selon le même principe que la pomme de pin (voir p. 167).

Frêne

Outre le texte dans lequel il est associé au chêne (voir p. 162), le frêne est encore présent dans un dicton assez énigmatique :

Le frêne en certaines saisons
Près de la mare est poison.

Hêtre

C'est en mai que fleurit habituellement le hêtre. Ses feuilles apparaissent aussi relativement tard, mais toutefois avant la fin mai.

En mai
Fleurit le hêtre et chante le geai.

« Quand le hêtre est feuillu le 28 mai à la Coucoulude, il n'est pas trop tard. » (Vivarais)

Au début d'octobre, le fruit du hêtre, la faîne, est enfin mûre.

A la Saint-Brunon, (6 octobre)
Les faînes ont le noyau bon.
(Ardenne)

A ce moment, dans certaines régions de Belgique, on annonçait un hiver rigoureux si les faînes étaient abondantes. De plus, le jour de la Toussaint (1er novembre), on coupait en forêt un morceau de hêtre. Si le bois était humide, l'hiver serait froid, et inversement il serait doux si le bois était sec.

Peuplier

Un double conseil relatif à la plantation du peuplier est exposé dans ce dicton :

Veux-tu surprendre ton voisin ?
Plante le mûrier gros, mais sain,
Le peuplier droit, le figuier nain,
Et fume tes prés à la Saint-Martin. (11 novembre)

Il convient de choisir un sujet sain et bien droit, et de profiter d'une journée favorable de novembre pour le mettre en terre, sans toutefois vous obstiner sur un jour particulier de ce mois.

Pin

La pomme de pin constitue l'un des hygromètres naturels les plus connus. C'est évidemment à tort qu'elle est parfois appelée « plante-baromètre », car elle ne fournit aucune indication sur la pression atmosphérique. Un peu hâtivement, le bon peuple annonce la pluie si la pomme de pin se ferme, et le beau temps si elle s'ouvre. Ces pronostics doivent être confirmés par d'autres signes plus fiables, tels que la direction du vent, la couverture nuageuse, la réaction des animaux, etc.

Saule

La floraison du saule est un indice de la fin de l'hiver, ce que rappelle ce dicton :

L'automne jusqu'à Noël,
Depuis là le dur hiver
Jusqu'à ce que fleurisse le saule.

Aubépine

L'aubépine, ou *épine blanche*, fleurit en avril-mai.

A Sainte-Marie, (9 avril)
Toutes les aubépines sont fleuries.

Les feuilles apparaissent plus tôt, si bien que l'on peut parfois dire :

A Sainte-Honorine (27 février)
Bourgeonne l'aubépine.
(Picardie)

En fin juillet, la maturation des fruits est en bonne voie :

A Sainte-Christine (24 juillet)
Mûrit l'aubépine.
(Picardie)

La floraison de l'aubépine est particulièrement épiée, et pas seulement pour les nombreuses vertus médicinales de ses fleurs et de ses fruits. En effet, beaucoup de paysans ont constaté l'existence d'un « hiver de l'aubépine » : quelques gelées feraient leur apparition à ce moment. Plusieurs dictons en parlent :

Aubépine en fleur,
Le temps en rigueur.

Quand l'aubépine entre en fleur,
Crains toujours quelque fraîcheur.
(Suisse, Belgique, Alsace)

Quand l'aubépine est en fleur,
L'hiver est en rigueur.

Quand fleurit l'aubépin,
La gelée n'est pas loin.
(Berry)

Quand fleurit le mai,
Gare à la gelée.
(Berry)

Le mai désigne en Berry un bouquet composé principalement d'aubépine. L' « hiver de l'aubépine » correspond en réalité aux « saints de glace » ou à la « lune rousse ». Il arrive souvent en avril/mai qu'il gèle la nuit, sans que la floraison de l'aubépine y soit pour quelque chose.

Un dernier dicton aborde un sujet religieux :

Quand l'aubépine fleurit,
Il faut s'approcher du surplis.

Il s'agit de la fin du Carême, et donc de la proximité de la fête de Pâques, au cours de laquelle les fidèles s'approchent du surplis du prêtre.

On dit que les fruits de l'aubépine, les cenelles, annoncent un hiver rigoureux s'ils sont abondants. On dit aussi que l'hiver sera froid si leur peau est épaisse et dure.

Cornouiller

C'est le cornouiller mâle qui produit les cornouilles, tellement appréciées des Picards qu'un dicton leur rappelle de ne pas manquer la cueillette de ces fruits rouges et aigrelets.

A Saint-Auneuil, (17 octobre)
Cueille les querneuilles (= cornouilles).

Mûrier

Le mûrier, hôte privilégié du ver à soie, perd ses feuilles à la fin de l'automne. A ce moment,

Quand le mûrier se déshabille,
Que l'homme s'habille.
(Languedoc)

Peu après, il convient de planter les nouveaux buissons. Un bon conseil :

Veux-tu surprendre ton voisin ?
Plante le mûrier gros, mais sain,
Le peuplier droit, le figuier nain,
Et fume tes prés à la Saint-Martin. (11 novembre)

Osier

L'osier sert de repère pour l'estimation de la maturité du raisin ou d'autres fruits. Deux dictons de même signification l'attestent :

En septembre, osier fleurit
Et vin mûrit.

Quand l'osier fleurit,
Le fruit mûrit.
(Suisse)

ou
Le raisin mûrit.
(Bretagne)

Prunellier

Un seul dicton évoque le prunellier, lorsqu'il fleurit en octobre pour la seconde fois.

Quand octobre voit le prunellier fleurir,
On doit s'attendre à voir l'hiver sévir.
(Belgique)

Il fleurit à ce moment si l'arrière-saison a été très douce. La superstition veut qu'un hiver tardif soit très sévère, ce que ne confirment généralement pas les faits.

Un fermier de la Botte du Hainaut nous rapportait une autre croyance à propos de l' « épine noire », autre nom du prunellier : si le vent est à la bise au début de la floraison, il y restera jusqu'à ce que les fleurs soient fanées. Malheureusement, les observations faites dans la même région ne viennent pas étayer cette idée séduisante.

Ailleurs, on prétend que l'hiver sera rude si les prunelles sont abondantes. Un petit conseil pour fabriquer votre alcool de prunelles : attendez la première gelée nocturne de l'automne avant de procéder à leur cueillette.

Sorbier

Le *sorbier des oiseleurs* ou *sorbier commun* se reconnaît à ses fruits, réunis en grappe d'un rouge très vif. Ces fruits sont très appréciés des grives et des merles, qui disséminent les semences par l'intermédiaire de leurs excréments. Les gens de la terre voyaient dans l'abondance des fruits du sorbier le signe d'un hiver rude.

Alisier

Le *Sorbus aria Grantz* appartient à la même famille que le sorbier des oiseleurs. Ses feuilles présentent une couleur vert foncé sur la face supérieure, mais blanc feutré sur la face inférieure. Il semble que ces feuilles se replient vers le haut après le coucher du soleil, comme le font celles du robinier faux-acacia. Elles réagissent de la même façon lorsque le temps devient très couvert. Cette particularité a été observée. On dit par exemple :
« Si l'alisier retourne ses pétioles : pluie. »
Ou encore :
« Les feuilles de l'alisier deviennent blanchâtres lorsque la pluie menace, mais il fera beau si on les voit vertes. »

Fleurs

Les fleurs sont le meilleur symbole du renouveau, de la victoire de la vie. Elles sont la manifestation du printemps. Mais il arrive aussi que le temps doux des premiers mois de l'année laisse apparaître quelques fleurs précoces, qui ne seront pas accueillies avec enthousiasme. La température trop clémente de ces mois d'hiver ne respecte pas les cycles circadiens de la végétation, ce qui peut porter préjudice aux cultures.

Des fleurs de janvier,
On ne remplit point le panier.

Fleurs de janvier
Ne vont pas dans le panier.
(Languedoc)

Fleur de février
Ne va pas au grenier.

Quand fleurs en mars il y aura,
Guère de fruits ne mangeras.

Fleur marsière
Ne tient guère.

Des fleurs en mars ne tiens compte
Pas plus que de femmes sans honte.

Des fleurs qui s'ouvrent en mars,
On n'en a que le regard.

Fleur de mars, fleur de cochon ;
Fleur d'avril, faucille à l'or ;
Fleur de mai, mieux que sans fleur.
(Pays Basque)

Neige à la Sainte-Isabelle (22 février)
Fait la fleur plus belle.

Quand les Avents de Noël sont fleuris,
Il y aura abondance de fruits.

Ce dernier dicton évoque probablement les vertus de la neige qui recouvre les arbres, comme le feraient les fleurs au printemps.

C'est habituellement en avril que la plupart des fleurs exposent leurs pétales. Les dernières, sauf exceptions, se fanent en novembre.

Fleurs de printemps sont fruits d'automne.

Avril fait la fleur,
Mai en a l'honneur.

Fleurs d'avril
Ne tiennent qu'à un fil.

A Saint-Anselme, (21 avril)
Dernières fleurs sème.
(Picardie)

Mai ne va jamais sans fleurs.
(Liège)

Dansez les fleurs, chantez les nids,
Tout ce qui vient du ciel est béni.

De mai le Seigneur
Envoie toutes les fleurs.

Fleur de mai,
On peut s'y fier.
(Haute-Loire, Belgique)

A Saint-Cyrillien, une fleur blanche pour mille.
(28 mai)

Juin bien fleuri,
Vrai paradis.

Fleur de Saint-Jean (24 juin)
Dure longtemps.

A Sainte-Justine, (26 septembre)
Toute fleur s'incline.

A Saint-Calixte, (14 octobre)
Il n'y a plus de fleur à calice.
(Picardie)

A Sainte-Flora, (24 novembre)
Plus rien ne fleurira.
(Picardie)

Les dates auxquelles s'ouvrent les fleurs ont la réputation d'être déterminantes pour le temps de la saison à venir, ce que les faits ne semblent pas confirmer.

Mai fleuri,
An réjoui.

Automne en fleurs,
Hiver plein de rigueur.

Au début de la floraison, un temps venteux et sec favorise une heureuse pollinisation. Après quoi la pluie permettra de grossir le fruit nouveau-né. Au fil des mois, le climat exerce ainsi les influences les plus diverses sur les fleurs.

Vent de mars et pluies d'avril
Font fleurir les fleurs de mai.

D'avril les ondées
Font les fleurs de mai.

On peut dire que le tonnerre
Au mois de juin fait fleurir
Ce qui est prêt à périr.

Les fleurs dans leur ensemble permettent même de prévoir le temps en une certaine circonstance, définie par ce dernier dicton :

Si les fleurs sentent,
Bientôt il vente.

Alsine

Une seule remarque nous parvient de Zurich, en Suisse :
« Si la fleur de l'alsine s'ouvre vers neuf heures et reste épanouie jusqu'à seize heures : beau temps. Si elle reste fermée : pluie. »

Caille-lait jaune

Cette plante — *Galium verum* — de la famille du gaillet, se couvre d'une quantité de petites fleurs jaunes. Lorsque ces fleurs dégageaient une odeur douce, les paysans annonçaient du beau temps ; si ce parfum était âcre et pénétrant, il pleuvrait, disaient-ils.

Chrysanthème

Cette jolie fleur a le malheur d'éclore à la fin d'octobre, à l'époque de la Toussaint, ce qui en fait la fleur des morts. La Picardie en fait une culture intensive, si bien qu'on y entend les dictons suivants :

A Saint-Janvier, (19 septembre)
Les chrysanthèmes repoussent du pied.

A Saint-Sosthène, (28 novembre)
Il y a des chrysanthèmes.

Colchique

Un dicton rappelle de façon poétique l'époque à laquelle fleurit le colchique :

Le colchique d'automne fleurit,
Le raisin mûrit.

Dans les prairies de la Hesbaye et du Condroz belges, l'abondance des colchiques fait prédire un hiver très rigoureux.

Dahlia

C'est dans la seconde quinzaine de juillet que fleurissent habituellement les dahlias dans les régions septentrionales.

A Sainte-Marguerite (20 juillet)
Les dahlias fleurissent.

Giroflée

Deux dictons picards rappellent l'ancienne croyance selon laquelle il convenait de semer les giroflées le jour du Vendredi-Saint :

Le Vendredi-Saint sème giroflées,
Elles doubleront dans l'année.

« Les giroflées du Vendredi-Saint seront de très belles couleurs. »

Il serait peu raisonnable d'accorder quelque valeur à ce principe. En effet, le Vendredi-Saint est une fête mobile dans le calendrier, qui peut se situer de la mi-mars à la fin d'avril. Il est préférable de se fier au temps doux d'avril pour semer cette fleur odorante, qui, de toute façon, ne fleurira qu'au printemps de l'année suivante.

Jasmin

Le jasmin blanc fut introduit au XVIe siècle en Europe. Son parfum délicat valut à cette fleur de figurer dans un dicton méridional :

Le jour de Saint-Maximim (20 mai)
S'embaume de jasmin.

Lilas

Ce petit arbre originaire de Perse produit des fleurs très odorantes bien connues dans toutes les régions d'Europe. Ces inflorescences sont d'autant plus abondantes que le soleil s'est bien montré au printemps. Les vieux fermiers du Nord affirment donc :

Quand lilas il y a,
Blé il y a.

Quand fleurit le lilas ? Deux dictons picards se disputent l'honneur de le rappeler :

A Sainte-Félicie, (8 mai)
Tous les lilas sont fleuris.

A Saint-Félix, (18 mai)
Tous les lilas sont fleuris.

Le premier était probablement valable avant la réforme grégorienne du calendrier, qui a supprimé dix jours de l'an 1584. Le second constitue donc la version corrigée au XVIIe siècle, et valable de nos jours. Naturellement, plus on s'éloigne de la Picardie en direction du Sud, moins ces dictons sont adaptés. Le lilas en avril n'est pas rare dans le Midi de la France.

Lis

La floraison du lis était particulièrement surveillée dans plusieurs régions de France et de Belgique. La date à laquelle elle avait lieu permettait, dit-on, d'estimer l'état d'avancement des récoltes.

Si le lis a fleuri pour la Saint-Jean, (24 juin)
J'aurai vendangé pour la Saint-Céran. (27 septembre)
S'il a fleuri pour la Fête-Dieu, (mobile, entre mai et juin)
J'aurai vendangé pour la Saint-Matthieu. (21 septembre)
(Bourgogne)

« La floraison du lis candide indique la tendance de l'été : les vendanges auront lieu trois mois après. » (Bourbonnais)

En Belgique, on voyait un présage de pluie lorsque la fleur du lis blanc se fermait pendant la journée.

Myosotis

Un dicton picard évoque la période habituelle de floraison du *Myosotis arvensis*. La Picardie voit parfois ses fleurs bleues fin avril, mais il faudra souvent attendre le mois de mai.

A Sainte-Eulalie, (24 avril)
Pensées et myosotis sont fleuris.

Pensée

Voir ci-dessus.

Perce-neige

La tradition orale nous livre une évocation poétique de cette première fleur de l'année.

Du perce-neige la blanche fleur
Est la violette de la Chandeleur. (2 février)

Primevère

Son nom, issu du latin populaire *prima vera,* début du printemps, suggère que la primevère est la fleur du printemps par excellence. Un dicton picard adresse ce conseil aux horticulteurs.

Vendez vos primevères à la Sainte-Isabelle,
(22 février)
Si elles ne le sont point, elles ne seront pas plus belles.

La primevère officinale, la plus courante en Picardie, fleurit rarement aussi tôt dans l'année. Cette fleur mellifère apparaît souvent à la mi-mars. La primevère du dicton est certainement une variété cultivée.

La fleur de la primevère sert aussi d'hygromètre. Le temps est à la pluie, dit-on, si elle se ferme ; il fera beau si elle s'ouvre.

Renoncule

A Saint-Théodore (20 avril)
Fleurit le bouton d'or.

La renoncule âcre, ou « bouton d'or », fleurit généralement en mai. L'espèce qui fleurit couramment en avril est la renoncule tête d'or, assez courante dans les bois frais ou humides et les haies.

Rose

La rose fleurit habituellement depuis mai jusqu'au début de l'été.

Mai sans rose
Rend l'âme morose.

A Saint-Théodosie, (28 mai)
La rose est la fleur choisie.

A Pentecôte roses sont,
A la Saint-Jean elles s'en vont.

Si son parfum semble plus fort que de coutume, c'est un présage de pluie. De plus, « si le rosier fleurit une seconde fois, cela annonce un hiver rigoureux » (Huy, Belgique).

Fruits

Dans un passé encore récent, les fruits locaux constituaient le dessert coutumier du peuple. La culture fruitière était rarement exclusive, sans être pourtant négligée. Les dictons propres aux divers fruits sont examinés à leurs noms respectifs, mais quantité d'autres formules abordent ce thème d'une manière plus générale.

Les fruits tiendront-ils les promesses des fleurs ? Telle est la première question que se pose le paysan.

Fleurs de printemps sont fruits d'automne.

Certes, mais les fleurs ne doivent pas être trop précoces, car les gelées printanières risquent de gâcher toute la production de l'année. Et nous avons vu, à propos des **fleurs,** p. 171, comment s'exprimait l'inquiétude devant les vergers trop tôt fleuris.

C'est ensuite en août que les regards se tournent de nouveau vers les arbres. Les fruits sont alors formés et leur maturation laisse le gourmand sur sa faim, sauf en Provence et autres régions méridionales.

Août mûrit les fruits, septembre les cueille.

Pour Saint-Laurent, (10 août)
Tout fruit est bon pour les dents.
(Provence)

Le grand mois des fruits est septembre, le *Fructidor* du calendrier révolutionnaire.

En septembre se coupe ce qui pend.

Septembre nous produit
Le plus délectable des fruits.

En septembre,
Tous les fruits valent le prendre.

A la Bonne-Dame de septembre, (Nativité de la Vierge,
Tout fruit est bon à prendre. 8 septembre)
(Touraine)

« A la Saint-Matthieu (21 septembre), tous les fruits sont mûrs. »

« Ne manque jamais d'avoir cueilli tous tes fruits avant la Saint-Michel » (29 septembre). (Liège)

A la Saint-Michel,
Cueille ton fruit tel quel.

A la Saint-Michaut,
Lors chacun fruit queaut (= cueille).

On peut également citer une petite comptine qui fixe une production particulière à huit des mois de l'année, et dans laquelle le souci de la rime, d'abord évident, finit par être abandonné.

Mars,
Lard.
Avril,
Épi.
Mai,
Lait.
Juin,
Foin.
Juillet,
Moisson.
Août,
Grain.
Septembre,
Fruits.
Octobre,
Vin.

On peut encore cueillir en octobre, mais pas plus tard :

A la Saint-Denis, (9 octobre)
Ramasse tes fruits.

A la Toussaint, les blés doivent être semés
Et tous les fruits bien enserrés.

A la Toussaint, blé semé,
Aussi le fruit enfermé.

A la Saint-Mathurin, les blés semés, (9 novembre)
Les fruits rentrés.

Il reste alors à ranger la récolte sur une claie. Les fruits ainsi conservés peuvent encore se manger jusqu'au début de l'été suivant.

Plus de fruits sous le groseiller,
Plus de fruits au grenier.

On prêtait au climat mille influences sur la production fruitière. La plupart de ces avis étaient du reste tout à fait fondés. Ainsi, l'hiver doit être froid et neigeux pour permettre la multiplication des bourgeons fruitiers.

« Si le givre couvre les arbres avant Noël, il y aura beaucoup de fruits. »
« Gelée et brouillard dans les Avents, année suivante bonne et abondante en fruits. » (Vosges)

Année neigeuse,
Année fructueuse.

Année nébuleuse et neigeuse
Est fructueuse et plantureuse.

Année de givre,
Année de fruits.

Quand les Avents de Noël sont fleuris,
Il y aura abondance de fruits.

Le vent, au début de l'hiver, avait aussi son importance, du moins si l'on en croit certaines traditions.

A Noël grand vent,
Aux arbres fruits abondants.

« Si dans la nuit de la Saint-Sylvestre le vent souffle du sud, l'année sera chaude et prospère ; s'il vient de l'ouest, on aura abondance de lait et de poisson ; s'il vient du nord, tempêtes et fortes vagues de froid ; de l'est, les arbres seront chargés de fruits ; mais s'il souffle du nord-est, de grandes calamités sont à craindre. »

En janvier, on souhaitait un temps clair (donc froid), mais aussi, curieusement, l'orage.

Aube claire à Saint-Vincent, (22 janvier)
Beaucoup de fruits pour tout le monde.
(Provence)

« Tonnerre en janvier : année venteuse, abondance de fruits et de bétail. »

En mars, le temps doit être frais sans que la gelée soit excessive. La pluie arrive alors en sa saison, ainsi que le brouillard, mais pas l'orage, qui amène souvent un temps trop doux, ni la neige.

Autant de bruines en mars, autant de fruits en mai.

Sagement, le dicton ne parle que de l'apparition, en mai, des minuscules ébauches des futurs fruits, et ne garantit pas que ces derniers viendront à maturité.

Quand mars bien mouillé sera,
Beaucoup de fruits cueilleras.

Tonnerre en mars, grands vents,
Peu de fruits, peu de froment,
Peu d'huile, peu de vin
Pour l'entretien eu corps humain.

S'il neige en mars, malheur aux fruits.
(Belgique)

S'il neige en mars, gare aux vergers.

Le mois d'avril devrait être plus doux, mais plus sec, afin d'assurer une meilleure fécondation des nouvelles fleurs. Le temps couvert et pluvieux peut provoquer la coulure des fleurs fruitières, mais pas l'orage, dont les averses sont brèves et accompagnent une température douce.

Tonnerre d'avril,
Abondance de blé et de fruits.
(Vosges)

A la Saint-Marc, s'il tombe de l'eau, (25 avril)
Il n'y aura pas de fruits à couteau.

S'il pleut à la Saint-Marc,
Point de panier ni de sac.

Quand Saint-Marc n'est pas beau,
Peu de fruits à noyau.

S'il tombe de l'eau à la Saint-Marc,
Il n'est ni fri ni fra (fruit d'aucune sorte).
(Anjou)

Les gelées nocturnes de mai sont les plus redoutées ; elles peuvent ruiner complètement la récolte de l'année. L'homme de la terre était particulièrement attentif aux *saints de glace* et à la *lune rousse*.

Si la lune est pleine ou nouvelle
Le jour que Sainte-Croix suivra (2 mai)
Et qu'il advient que lors il gèle,
La plus grand part des fruits mourra.

Gelée le soir de Saint-Urbain (22 mai)
Anéantit fruits, pain et vin.

Tant que dure la rousse lune,
Les fruits sont sujets à fortune.
(Belgique)

En revanche,

Beau temps du jour Sainte-Émilie (22 mai)
Donne du fruit à la folie.

Il n'y a ensuite plus rien à signaler avant le mois d'août, qui se doit d'être beau et chaud afin d'assurer une heureuse maturation des fruits. Dorénavant, seul l'orage sera bien accueilli.

Si le jour de Sainte-Claire (12 août)
La journée est chaude et claire,
Compte sur les fruits à couteau,
A coup sûr ils seront beaux.

Si Saint-Barthélemy fait ciel d'ange, (24 août)
Beau de fruits, belle vendange.

« S'il tonne en septembre, des fruits, du blé, du vin, des biens de toute sorte abondamment. » (Vosges)

C'est à ce moment qu'a lieu la floraison de l'osier, qui ne peut se produire qu'à la suite d'une période particulièrement chaude. Ce même type de temps convient on ne peut mieux aux cultures fruitières.

Quand l'osier fleurit,
Le fruit mûrit.
(Suisse)

Les travaux d'entretien des arbres fruitiers s'échelonnaient encore sur les différentes phases lunaires. Le brave paysan s'est pourtant bien rendu compte de cette évidence que

L'homme étant par trop lunier
Ne remplit de fruits son panier.

Les Hutois (habitants de la ville de Huy en Belgique) se plaisaient aussi à annoncer un hiver rude si l'année produisait de nombreux fruits à noyau.

Abricot, abricotier

En Provence, la floraison de l'abricotier a lieu vers l'équinoxe du printemps. C'est pourquoi l'on dit :

Quand l'abricotier est en fleur,
Jour et nuit ont même longueur.

Il va de soi que les gelées éventuelles de ce moment de l'année peuvent ruiner totalement la production d'abricots. Le dicton suivant exprime cette inquiétude. Il est d'ailleurs étonnant qu'il soit surtout connu en Picardie.

Quand à glace il gèle à la Saint-Victorien, (23 mars)
En pêches, en abricots, il n'y a rien.

Cerise, cerisier

La cerise est l'un des premiers fruits du verger. A ce titre, elle est accueillie avec joie, quand elle colore les lèvres des gourmands.

Année de cerises rouges
Met le rire sur les bouches.

Les premières cerises sont mûres au début juillet dans le Nord, mais bien plus tôt au Sud, où l'on dit quand la Pentecôte est tardive (au plus tard le 13 juin) :

A la Pentecôte,
La cerisotte.

Le pâtre, à la Pentecôte,
Contre le cerisier goûte
D'une cerise et d'une croûte.
(Languedoc)

S'il pleut le jour de Saint Georges,
Pas de fruits à noyaux,
Ni guignes, ni bigarreaux.

Quand à Saint-Georges il pleut,
Cerises, adieu !

S'il pleut le jour de la Saint-Marc, (25 avril)
Les guignes couvriront le parc.

C'est-à-dire qu'elles joncheront le sol, tombées avant que d'être mûres.

Le cerisier fleurit en avril. A ce moment, le temps idéal est sec et ensoleillé, un peu venteux, afin d'assurer une meilleure pollinisation et la fécondation des fleurs, et d'éviter la coulure. Depuis la mi-avril jusqu'en mai, la pluie et le brouillard peuvent occasionner des coups de sabre dans la production de l'année.

Pluie le jour de Sainte-Opportune, (22 avril)
Ni cerises, ni prunes.

S'il pleut au jour de Saint Georges, (23 avril)
Toutes les cerises lui passent par la gorge.

Saint-Eutrope mouillée, (30 avril)
Cerises estropiées.

« S'il pleut la première nuit de mai, il n'y aura pas de cerises. » (Picardie)

S'il pleut le jour de la Saint-Mayeu, (11 mai)
Les cerises tombent toutes par la queue.

Quand il pleut le jour de l'Ascension,
Les cerises s'en vont en procession.

Même ensuite, une longue période couverte et brumeuse peut nuire au développement des cerises, les faisant tomber une à une.

La Sainte-Claude (6 juin)
Baille les cerises ou les ôte.

Le brouillard de la Pentecôte
Des cerises fait tomber la couotte (= la queue).

Ce même type de temps retardera d'ailleurs toutes les autres cultures.

Quand la cerise périt,
Tout s'ensuit.

Vers la mi-juin, on peut déjà oser estimer la future récolte.

A Saint-Rufin, (14 juin)
Cerises à plein jardin.
(Picardie)

« Aux Saints-Gervais et Protais (19 juin), les cerises se montrent. » (Verviers)

Coing, cognassier

Le coing est consommé après cuisson, en confiture ou en gelée. Sa floraison a lieu en avril/mai. Un ciel serein favoriserait une heureuse pollinisation, de sorte que l'on peut dire :

S'il pleut le premier mai,
Peu de coings ;
S'il pleut le deux,
Ils sont véreux ;
S'il pleut le trois,
Il n'y en a pas.

S'il pleut le premier jour de mai,
Les coings ne seront qu'aux haies.

Quand le premier mai la pluie oint,
Il n'y aura pas le moindre coing.

Au premier jour de mai la pluie,
Les coings, Madame, sont cueillis.

C'est vers la Toussaint que le cognassier est dépouillé de sa production :

A la Toussaint, mêles (= coings) *sont mûres : cueille-les.*
(Puisaye, Orléanais, Berry)
(Puisaye, Orléanais, Berry)

Figue, figuier

Les dictons nous apprennent beaucoup de détails sur la culture du figuier. Il convenait de le planter très petit, vers le 11 novembre :

Veux-tu surprendre ton voisin ?
Plante le mûrier gros, mais sain,
Le peuplier droit, le figuier nain,
Et fume tes prés à la Saint-Martin.

Les figues sont mûres en août ou en septembre, selon les régions. Elles peuvent être consommées sèches à partir de novembre, mais ne se conservent guère au-delà du mois d'avril.

A la Sainte-Madeleine, (22 juillet)
L'amande est pleine,
Le raisin change,
La figue mûre,
Le blé dedans.

En septembre,
Le raisin ou la figue pendent.

Pour la Toussaint,
Goûte tes figues et ton vin blanc.

Depuis Pâques de Résurrection,
Figues, raisins ni prédication.

Poireau, figue et sermon
A Pâques ne sont plus de saison.
(Vivarais)

Le vent de la fin juillet peut faire tomber les fruits avant leur pleine maturité.

Si à la Madeleine soufflent les vents, (22 juillet)
Ils emportent les figues avec les dents.

Un dernier dicton semble être à double sens :

Jamais figuier
Sans héritier.

On peut comprendre que l'héritage d'un figuier n'était jamais dédaigné, ou qu'un figuier produisait toujours quelque rejeton.

Nèfle, néflier

Un seul dicton évoque la date habituelle de la récolte des nèfles :

A la Toussaint, les nèfles sont mûres, cueille-les.

Pêche, pêcher

La culture du pêcher est surtout en vogue dans le Midi. Elle donne de moins bons résultats dans le Nord, pour des raisons tout à fait compréhensibles. Son besoin de chaleur suffit à lui faire fuir les régions septentrionales. Cette caractéristique a d'ailleurs fait dire :

Point de pêches, point de raisins.

Si le temps a été particulièrement chaud, la récolte peut se faire fin août. Ce même temps est propice à la vigne.

Pêches et poires au mois d'août,
De bons raisins on fait le moût.

Comme l'abricotier, le pêcher fleurit vers l'équinoxe du printemps. S'il gèle à ce moment, chacun en imagine aisement les conséquences. La pêche est mûre vers l'autre équinoxe.

Quand le pêcher est en fleur,
Nuit et jour de même longueur.
(Vivarais)

Quand à glace il gèle à la Saint-Victorien, (23 mars)
En pêches, en abricots il n'y a rien.

Lorsque la pêche est mûre,
Jour et nuit de même mesure.

Poire, poirier

Bien souvent, le poirier fleurit déjà fin mars.

Bonne ou mauvaise poirette,
Il faut que mars la trouve faite.

Si les gelées printanières n'ont pas eu raison de ses fleurs prometteuses, les fruits du poirier pourront ensuite grossir, mais ce n'est qu'en fin juillet qu'ils perdront leur goût aigre.

Saint-Jacques, à la pomme, à la poire, (25 juillet)
Donne le sel et le poivre.
(Ardenne)

Il arrive parfois que la poire soit mûre à la fin août. La chaleur estivale qui fut à l'origine de cet exploit a eu d'excellentes conséquences pour la vigne.

Pêches et poires au mois d'août,
De bons raisins on fait le moût.

A ce moment, un duel oppose le pommier au poirier, duel dont l'issue est observée avec angoisse par les viticulteurs.

Quand la poire passe la pomme,
Garde ton vin, bonhomme.
Mais si la pomme passe la poire,
Hardiment tu peux le boire.
(Berry)

Dans les Cévennes, l'abondance de poires d'hiver laisse présager un hiver rigoureux.

Un dernier dicton rappelle les bienfaits de la gelée hivernale, qui survient lorsque le ciel est serein.

Si le soleil luit à la Sainte-Eulalie, (10 décembre)
Il y aura pommes et poires à la folie.

Pomme, pommier

Certaines variétés de pommes peuvent se conserver des mois durant sur une claie, souvent bien mieux que les poires. Le pommier est donc devenu l'un des arbres les plus populaires des dictons agricoles. Tout au long de l'année, la floraison, la maturation et tout ce qui peut les influencer sont observés attentivement. Dès l'hiver, le temps était maudit ou béni suivant les circonstances. Ainsi, en décembre,

« Un brouillard dans les Avents, signe de beaucoup de pommes. » (Nord)
« Quand il vente pendant les Avents, il y aura des pommes. » (Bretagne)

> *Le soleil à la Sainte-Eulalie,* (10 décembre)
> *S'il fait le tour de vos pommiers*
> *Ayant leurs branches bien fleuries* (= enneigées),
> *On aura des pommes plein l'airie.*
>
> *Soleil qui rit à la Sainte-Eulalie,*
> *Il y aura pommes et poires à la folie.*
> ou
> *Promet du cidre à la folie.*
>
> *Si le jour de la Sainte-Eulalie*
> *Les pommiers sont couverts de neige,*
> *Il y aura des pommes à pleine aire.*

Il y a une autre Sainte-Eulalie le 12 février. Les dictons qui l'invoquent y font aussi bien l'affaire que le 10 décembre.

« Quand le soleil raie pendant la grand'messe le jour de Noël, signe certain qu'il y aura des pommes. (Bretagne)

« Givre à Noël, pommes à foison. »

« Givre à Noël, pommes à mandelées (= à pleines mannes). » (Champagne)

> *Hiver rude et tardif* (= prolongé)
> *Rend le pommier productif.*

Pendant les mois d'hiver, un temps ensoleillé est souvent synonyme de gelée, car le ciel dégagé permet un puissant rayonnement nocturne. Ces gelées ont pour effet d'assurer une bonne mise à fleur — d'où une production abondante.

Quand au vent de décembre, sa seule vertu, outre le fait de refroidir le sol, semble être d'opérer une élimination naturelle des branches mortes.

C'est au moment de la floraison que l'attention est de nouveau orientée vers les pommiers. Le Normand sait bien que

Fleur n'est pas pomme,
Pomme n'est pas bère (boire).

C'est pourquoi le temps doux de février est maudit, car il peut provoquer une floraison si précoce que la moindre gelée emportera la récolte de l'année.

Soleil le dernier jour de février
Met des fleurs au pommier.

Mais

Fleur de février
Ne va pas au pommier.
(Auvergne)

A la Saint-Isidore (4 février)
Si le soleil dore,
Le blé sera haut et chenu,
Mais le pommier sera nu.

Pour les gens de la terre, les orages de mars sont lourds de significations. Que présagent-ils pour la pomme ? Le dicton suivant ne le dit pas clairement.

S'il tonne en mars,
La pomme vaut le liard.

Un liard, c'est-à-dire un quart de sou, pour une pomme, est-ce beaucoup ? est-ce peu ? Aux approches du printemps, le pommier semble préférer le beau temps.

Belle Sainte-Euphrasie (13 mars)
Met pommes dans l'airie.

Mais son temps de prédilection est le vent.

Année venteuse
Année pommeuse.

Et c'est surtout en mars qu'il aime être secoué.

Si le mois de mars il fait du vent,
Nous aurons des pommes tout plein.
(Belgique)

Mars venteux,
Vergers pommeux.
(Lyonnais)

Mars venteux,
Pommiers plantureux.

Une fois les fleurs écloses, il ne faut certes pas de gel, mais pas trop de pluie non plus.

« S'il pleut le jour de la Saint-Marc (25 avril), point de pommes. » (Bretagne)

A la Saint-Jean, (24 juin)
Le cavalier voit les pommes en courant.

A la Saint-Jean,
Qui voit une pomme en voit cent.

Elles sont toutefois si aigres qu'il faudra attendre encore au moins un mois pour que les dents les plus gourmandes osent s'y mesurer.

Saint-Jacques, à la pomme, à la poire (25 juillet)
Donne le sel et le poivre.
(Ardenne)

Mais c'est en septembre que la patience est récompensée, ou plus tard si l'été fut maussade.

A la Sainte-Croix, (14 septembre)
Cueille tes pommes et gaule tes noix.

A la Saint-Jérôme, (30 septembre)
Hoche tes pommes.

A la Sainte-Simone, (28 octobre)
Il faut avoir rentré les pommes.
(Belgique)

A la Saint-Ernest, (7 novembre)
Abats les pommes qui te restent.
(Picardie)

Nos aïeux avaient cru remarquer que les mêmes conditions convenaient au pommier et... au hanneton. On disait donc :

Grande hannetonnée,
Petite vinée
Et grande pommée.
(Ile-de-France)

Rappelons enfin la rivalité séculaire de la pomme et de la poire, déjà évoquée p. 190.

Une variété sauvage, appelée *pomme épineuse*, est observée dans la région de Spa afin de prédire le temps de la fenaison. Ses fleurs apparaissent en juin ; si elles ne se fanent pas rapidement, il fera beau, dit-on, au moment des foins.

Prune, prunier

C'est en avril que fleurit le prunier. Un temps ensoleillé lui convient alors, afin d'assurer une heureuse pollinisation de ses fleurs.

Pluie le jour de Sainte-Opportune, (22 avril)
Ni cerises, ni prunes.

S'il pleut le jour de la Saint-Georges, (23 avril)
Ni prune, ni orge.

Pluie de Saint-Georges
Coupe aux prunes et aux cerises la gorge.

« S'il pleut le jour de Saint-Marc (25 avril), il n'y aura pas de prunes. »

Et pas de pommes non plus, nous l'avons vu.

Laissons ensuite les prunes gonfler, et retournons les voir le 24 juin, lorsqu'elles sont bien apparentes :

Pour les prunes,
A la Saint-Jean,
Qu'on en voie une,
On en voit cent !

Il reste alors à les laisser mûrir au soleil de l'été.

A Sainte-Marthe, (29 juillet)
Prunes mûres, bonne tarte.
(Picardie)

A cette saison il conviendra de ne pas abuser des bonnes choses. Souvenez-vous-en en répétant cette sage sentence :

Les prunes et le melon
Mettent la fièvre à la maison.

A l'occasion de la Noël, une superstition circulait si cette fête tombait une nuit de pleine lune.

« Quand la lune éclaire la messe de minuit, il n'y a pas beaucoup de prunes. » (Anjou, Touraine, Maine)

La nuit de Noël la lune,
Il n'y aura pas beaucoup de prunes.
(Vendée)

Le temps favorable au prunier est assez semblable à celui des autres arbres fruitiers. On entend d'ailleurs énoncer le même principe qu'à propos du pommier :

Année de hannetons, année de prunes.

Le prunier produit une résine abondante en arrière-saison.

Saint-Côme (27 septembre)
Aux pruniers cueille la gomme.
(Picardie)

Mirabelle

Une seule mention de la mirabelle, trouvée dans le patrimoine oral des picards :

A Saint-Abel, (5 août)
Faites vos confitures de mirabelles.

Amande, amandier

La France méditerranéenne est attentive à la culture de l'amande. Elle constate que, si les fleurs apparaissent parfois dès la mi-février, il est de loin préférable que mars voie sa floraison.

« Pour la Saint-Valentin (14 février), l'amandier fleurit. »

Pas de février
Sans fleur d'amandier.

Quand l'amandier fleurit en février,
N'y va qu'avec un panier ;
Mais si pour mars il fleurit,
Paniers et sacs seront remplis.

Si la floraison est précoce, les gelées risquent de décimer les précieuses fleurs. Pour bien lancer la croissance des fruits, il faut de la chaleur et de l'eau. L'arrivée d'une zone orageuse sera donc un excellent présage, car elle est le plus souvent synonyme de temps doux et de pluie.

Quand au mois de mars il tonne,
L'amande sera bonne.

Il reste alors à patienter jusqu'au moment de la récolte. Vers la fin juin, les fruits sont formés et ont entamé leur stade de maturation :

A la Saint-Jean,
L'amande est à la main.

Certains commencent alors à en examiner régulièrement le contenu, afin d'évaluer son stade de maturité :

Pour la Sainte-Berthe (4 juillet)
Se cueille l'amande verte :
Si elle n'est pleine que de lait,
Il faut laisser mûrir le blé.

Dans la plupart des régions, l'amande sera prête pour la récolte dans la troisième décade de juillet.

A la Sainte-Madeleine (22 juillet)
L'amande est pleine,
Le raisin change,
La figue mûre,
Le blé dedans.

Châtaigne, châtaignier

Le châtaignier montre ses premières feuilles en avril, sauf si l'hiver se montre particulièrement opiniâtre. La pousse des feuilles du châtaignier est un bon témoin de l'avance ou du retard de la végétation. Si elle a lieu à date normale, tout ira bien, y compris pour le vigneron, et l'on dit dans le Vivarais :

« Si le châtaignier prend feuilles en avril, cheville ta *clède* (= ta treille). »

Dans cette même région, la feuillaison doit être terminée le 3 mai :

Les châtaigniers, pour porter,
Doivent faire ombre le trois mai.

Un temps couvert ou brumeux pendant les mois d'été peut provoquer la coulure des châtaignes, due à une mauvaise fécondation des fleurs.

S'il pleut à la Sainte-Madeleine, (22 juillet)
On voit pourrir noix et châtaignes.
(Ardenne)

Les brouillards d'août emportent les châtaignes.
(Belgique)

« S'il pleut le premier vendredi d'août, ni glands ni châtaignes. »

Brumes d'août en montagne
Coulent les châtaignes.

Par contre, dès la mi-août, la pluie ne peut plus nuire aux fruits du châtaignier.

Pluie entre Notre-Dames (entre le 15 août et le 8 septembre)
Fait tout vin ou tout châtaignes.

Pour Saint-Géraud, (13 octobre)
Les châtaignes font le chaud.

A la mi-octobre, les châtaignes sont mûres. Il s'agit alors de les faire cuire au coin du feu.

Puisque la gelée hivernale exerce une action bénéfique sur la

nature, le temps ensoleillé de la Noël doit mériter sa bonne renommée, qui sera exprimée en ces termes :
« Si le jour de Noël le soleil raie au pied du châtaignier, la récolte sera bonne. » (Bourbonnais)

Une dernière observation permet d'évaluer la future récolte de châtaignes.
« Si l'année a produit beaucoup de hannetons, il y aura beaucoup de châtaignes. » (Angoumois)

Le temps ensoleillé qu'aiment les châtaignes permet la mue de la larve du hanneton — là où il existe encore.

Curieusement, les châtaignes une fois cuites ont tendance à devenir des *marrons :* « marrons glacés », « dinde aux marrons », « chauds les marrons ! ». Pendant tout l'hiver, les marrons chauds sont vendus sur les marchés, jusqu'au début mars.

A la Sainte-Véronique, (8 mars)
Les marchands de marrons plient boutique.

Un autre dicton évoque l'influence de la pluie du mois d'août sur les futurs marrons.

Pluie d'août fait truffes et marrons.
(Périgord)

Noisette, noisetier (ou coudrier)

Le noisetier fleurit déjà en février. On disait donc le deux de ce mois :

Quand arrive la Chandeleur,
Le coudrier est en fleur.

Son développement est alors suivi attentivement :

A la Saint-Jean, (24 juin)
On regarde dedans (les noisettes)
A la Madeleine, (22 juillet)
Elles sont pleines.
A la Saint-Laurent, (10 août)
On fouille dedans.
A la Saint-Roch, (16 août)
On les croque. (Picardie)

Pour la Sainte-Madeleine,
La noisette pleine,
Le raisin coloré,
Le blé fermé.
(Languedoc)

A la Saint-Laurent,
La noisette craque sous la dent.

Il est aisé de les conserver pour l'hiver, ce qui en fait, dans de nombreuses contrées, l'un des fruits traditionnels de la Noël. Témoin ce dicton, qui oppose les températures de la Noël et de Pâques :

Noisettes au soleil,
Œufs au feu.

De longues périodes de pluie risquent de faire pourrir les noisettes, surtout en été.

La pluie de Saint-Gervais (19 juin)
Fait diminuer les blés.
Et si Saint-Jean est mouillé, (24 juin)
Toutes les noisettes seront gâtées.

A la Saint-Jean la pluie
Fait noisettes pourries.

La pluie de Saint-Jean
Ôte noisettes et glands.

Pluie de Saint-Jean noie les noisettes,
Beau temps à Saint-Pierre les rachète. (29 juin)

Pluie à Saint-Jean d'été
Fait noisettes noyer.
(Lorraine)

S'il pleut à la Saint-Jean d'été,
Peu de noisettes au coudrier.

Si Saint-Jean fait la pissette,
Aux coudriers, pas de noisettes.

S'il pleut à Sainte-Marguerite, (20 juillet)
Noix et noisettes se gâteront vite.

S'il pleut le premier août,
Les noisettes seront piquées de poux.

S'il pleut à la Saint-Pierre-ès-Liens, (1er août)
Les noisettes ne vaudront rien.

Quand il pleut à la fête d'août, (15 août)
Les noisettes seront perdues.
(Belgique)

Même en hiver, un temps sec convient mieux au noisetier. Car le froid qu'il accompagne souvent stimule l'induction printanière de ses fleurs.

Pluie d'hiver à la Saint-Jean (27 décembre)
Enlève noisettes et glands.

Si les noisettes sont abondantes, c'est donc qu'il a fait plutôt sec, ce qui a contrarié bien d'autres productions :

Année de noisettes,
Année de disette.

C'est signe, aussi, de tout autre chose :

Année de noisettes,
Année de bâtards.

Année de noisettes,
Année de fillettes.

Bonne année de noujottes,
Bonne année de petiots.

En vertu de leur symbolisme sexuel, les noisettes étaient le cadeau offert par les jeunes hommes aux demoiselles. Une tradition voulait aussi qu'en fin d'année, un jeune homme en offrît aux parents de son élue. S'ils les acceptaient, le prétendant se savait autorisé à courtiser la jeune fille.

Plus prosaïques, certains voyaient dans l'abondance des noisettes le signe d'un hiver rigoureux. C'était le cas en Ile-de-France, Languedoc, et Belgique.

Noix, noyer

L'huile extraite des noix était très appréciée dans le passé. Le temps, de février à août, était épié par les amateurs de bonne salade. Ainsi, février doit être froid et sec pour favoriser une abondante mise à fleur printanière.

En février le tonnerre
Fait tenir toute l'huile dans une cuiller.

S'il tonne en février,
Mets la latte (= la gaule) *au grenier.*

« Si le jour de la Chandeleur (2 février), le soleil brille dès son lever, il y aura des noix au pied des noyers. »

Le premier mois du printemps météorologique, le mois de mars, doit être froid et humide. Puisque l'orage accompagne souvent un temps doux, il n'est pas étonnant d'entendre dire :

Tonnerre en mars, grands vents,
Peu de fruits, peu de froment,
Peu d'huile, peu de vin,
Pour l'entretien du corps humain.

Quand au printemps la lune est claire,
Peu de noix espère.
Si la lune est trouble,
La noix redouble.

Fin avril et début mai, un temps pluvieux empêche les insectes de véhiculer le précieux pollen de fleur en fleur. On disait donc :

S'il pleut à la Saint-Georges (23 avril)
Il n'y aura ni cerise ni gueugue (= noix).
(Picardie)

Lorsqu'il pleut le trois mai,
Point de noix au noyer.

Pluie de la Croix, (3 mai)
Disette de noix.

Le trois de mai,
Il pleut sur les noix.
(Namur)

Une façon de dire que la pluie de ce jour-là vise particulièrement les noix.

S'il pleut le cinq mai,
Il n'y a pas de noix.
S'il pleut le quinze juin,
Il n'y a pas de raisin.
(Bretagne)

En juin, la pluie est de mauvais augure pour la production du noyer. Le soleil permettrait une meilleure maturation des fruits.

A Saint-Claude jaunit la noix. (6 juin)

Mais quand il pleut à la Saint-Jean (24 juin), les noix sont véreuses.

La pluie de Saint-Jean
Emporte la noix et le gland.

Par contre, en août, la pluie vient grossir les fruits ; c'est à cette seule occasion qu'elle se fait applaudir.

S'il pleut en août,
Huile et vin partout.
(Provence, Languedoc)

Pluie d'août,
Tout huile et tout moût.
(Vivarais)

Pluie et tonnerre d'août
Promettent huile et vin partout.

A Stavelot, en Belgique, une coutume de Noël mettait à contribution le fruit du noyer. Pour connaître le temps de l'année prochaine, on écrivait les noms des douze mois sur douze coquilles de noix. Les coquilles étaient déposées dans un bassin rempli d'eau. On introduisait dans chacune d'elles un petit bout de chandelle allumée. Celles qui chaviraient désignaient les mois humides de l'année.

Le noyer permettait également de prévoir la tournure de l'hiver suivant, d'après les formules suivantes :

S'il y a des noix,
L'hiver sera froid.

« Quand les noyers perdent leurs feuilles dès la fin août, l'hiver sera rude. » (Dauphiné)

Olivier

Cet arbre ne se rencontre que dans les régions méridionales. Malgré l'importance qu'il y revêt de longue date, les dictons qui mentionnent l'olivier sont plutôt rares. Un seul, à notre connaissance, évoque son entretien. Le voici traduit en français :

Déshabille-moi, dit l'olivier, je t'habillerai.
Graisse-moi le pied, je te graisserai le bec.
(Languedoc)

C'est à la fin juin que l'on commence à se rendre compte de l'importance de la future récolte.

Montre-moi une olive à la Saint-Jean, (24 juin)
Je t'en montrerai mille à la Toussaint.

Pendant le stade de la maturation, une pluie chaude fait gonfler les fruits à vue d'œil — ou peu s'en faut.

Pluie d'août,
Beaucoup d'olives et beaucoup de moût.
(Languedoc)

C'est en novembre que se cueille l'olive, à des dates variant d'une année et d'une région à l'autre.

A la Toussaint, (1er novembre)
Cueille l'olive à la main.

Pour Saint-Montan
ou
A la Saint-Véran, (14 novembre)
Les olives tu prends.
(Languedoc)

A la Saint-André, (30 novembre)
La perche sous l'olivier.

Mieux vaut toutefois ne pas se hâter de récolter ces fruits, car « plus les olives restent sur l'arbre, plus elles rendent d'huile. » (Languedoc)

Fraise, fraisier

Les feuilles du fraisier apparaissent à la mi-mars, et les boutons en mai. A la mi-juillet, les dernières fraises sauvages sont cueillies.

A la Sainte-Euphrasie (13 mars)
Pointe la fraise.

La date de la Sainte-Euphrasie a été choisie en raison de la ressemblance de sonorité entre le nom de la sainte et celui du fruit.

A la Pentecôte,
Fraises en boutons ;
A la Saint-Jean, (24 juin)
Fraises cueillant ;
A la Saint-Rémi, (1er octobre)
Range tes paniers.

A la Pentecôte, fraises rouges
ou le laboureur s'étonne.

A la Pentecôte,
Fraises on goûte.
A la Trinité, (1er dimanche après la Pentecôte)
Fraises au panier.

Au mois de juin,
Se mange la fraise et l'avoine en grain.
(Languedoc)

A la Saint-Pierre, (29 juin)
Les fraises à terre.

A Sainte-Virginie, (8 juillet)
La récolte des fraises est finie.
(Picardie)

Groseille, groseillier

Le groseillier se garnit très tôt de feuilles, bien souvent en février.

Jamais février n'est passé
Sans voir le groseillier feuiller.
(Belgique)

Il ne faut pas que février
Laisse sans feuille le groseillier.

Février aimerait mieux être enragé
Que de ne pas faire feuiller le groseillier.

Dans le sud de la France, il arrive que les groseilles soient mûres à la fin mai. On y répète alors :

A l'Ascension,
On mange groseilles et mouton.

Dans la plupart des régions, il faudra pourtant attendre la fin du mois de juin pour manger ces grappes délicieuses. C'est vers cette époque que les fruits conservés au grenier sont épuisés, ou ne sont plus comestibles.

A la Saint-Jean, (24 juin)
Les groseilles vont rougissant.

Plus de fruits sous le groseillier,
Plus de fruits au grenier.

Si les conditions climatiques sont défavorables aux groseilles, elles le sont aussi à la plupart des céréales, ce qui fait dire :

Peu de fruits au groseillier,
Peu de blé au grenier.

Melon

C'est en février que les plus pressés sèment cette cucurbitacée. La plupart attendent toutefois les mois de printemps pour ce travail, afin de pouvoir repiquer leurs melons au plus tard en mai.

A partir de Saint-Siméon, (18 février)
Tu peux semer tes melons.

Tu sèmes tes melons en mars, et mé (= moi),
J'en mangerai quant et quant té (= autant que toi).

Qui veut bonne melonière
A la Saint-Joseph doit la faire. (19 mars)

Piq' des melons en mars, mé en mai,
Et j'en mangerai ben avant té.
(Normandie)

Il faut attendre les derniers jours de juillet, ou plus souvent le mois d'août pour pouvoir déguster le melon mûr.

A Saint-Abdon, (30 juillet)
Mûrs sont les melons.
(Picardie)

Plantes de grande culture

Céréales

De mémoire d'homme, les céréales ont toujours constitué l'essentiel de l'alimentation humaine. Il n'est donc pas surprenant que ces cultures se soient taillé la part du lion dans les dictons et la tradition orale. La croissance du grain, les circonstances qui l'entourent, son rendement et le travail qu'il demande fournissent le thème d'une foule de prescriptions, mais motivent aussi la plupart des dictons purement météorologiques. Pourquoi la pluie serait-elle si dangereuse à la Saint-Médard (8 juin), si elle ne menaçait la maturation du grain et ne réduisait son rapport ? Nous envisageons ici les grands principes qui ne s'appliquent pas à une culture en particulier, mais aux céréales en général.

Le terrain qui accueillerait la semence devait d'abord être bien choisi et travaillé.

Noire terre porte grain,
Blanche terre ne vaut rien.

A bon labour, bonne moisson.

Les semailles elles-mêmes constituaient une étape décisive. Leur date devait être déterminée avec soin, mais elle variait énormément suivant les régions, le type de céréale semé, le climat local, etc.

Le semer et la moisson
Ont leur temps et leur saison.
(Suisse)

Si tu veux moissonner,
Ne crains pas de trop semer.

Qui sème dru récolte menu,
Qui sème menu récolte dru.

Les céréales de printemps se sèment normalement dès le début de mars.

Semé à la Sainte-Françoise, (9 mars)
Ton grain aura du poids.
(Belgique)

Si le soleil luit tôt le matin,
Semailles du Mardi-Gras vont bien.

Semailles du Mardi-Gras restent longtemps vertes.

« Sème les premiers jours de la Semaine Sainte, tu t'en trouveras bien un jour. »

Semailles du Mardi-Saint
Viennent bien.

Si les circonstances climatiques ou d'autres contre-temps s'y opposent, on peut attendre jusqu'au début mai pour certaines variétés.

A la Saint-Servais, (13 mai)
Vous pouvez semer.

A ce moment, des gelées nocturnes sévères pouvaient nuire aux jeunes plantules émergées de terre, ce qui faisait dire :

Lune rousse sur la semence,
A toujours grande influence.

Pour ce qui est des céréales d'hiver, le semeur devait attendre jusqu'en septembre pour certaines variétés, ou même, jusqu'en novembre ou décembre dans quelques cas.

Qui sème pour la Saint-Laurent, (10 août)
Y perd sa graine et son temps.

A la Saint-Barthélemy, (24 août)
Semence au dédis (= au doigt),
Sème au jour qui suit.

Pour la Saint-Leu (1er septembre),
Sème la terre molle ou dure.
(Vivarais)

Tu peux semer sans crainte
Quand arrive la Saint-Hyacinthe. (11 septembre)

A la Sainte-Croix, semailles partout. (14 septembre)

Qui sème à la Saint-Janvier (19 septembre)
De l'an récolte le premier.

Saint-Matthieu, (21 septembre)
Premier semeur.

A la Saint-Matthieu,
Sème quand tu veux.

Si tu sèmes à la Saint-Maurice, (22 septembre)
Tu en auras à ton caprice ;
Si tu sèmes à la Saint-Denis, (9 octobre)
Tu contempleras tes semis.

A la Saint-Rémi, (1er octobre)
De semer on doit avoir fini.

Ne sème pas à la Saint-Léger, (2 octobre)
Les épis seraient trop légers.

A la Saint-François on sème (4 octobre)
Si l'on veut, et plus tôt même.

A la Saint-Denis, (9 octobre)
Dernière semaille du pays.

A la Saint-Luc, (18 octobre)
Finis ton emblavure,
C'est le meilleur des trucs
Pour qu'elle ait bonne tournure.

A Saint-Arsène, (30 octobre)
Mets au sec tes graines.

Celui qui veut à propos employer sa semence
Un peu avant la Toussaint à la jeter commence.
(Languedoc)

Il fait bon semer son grain
Quand est beau l'été de la Saint-Martin. (11 novembre)

A la Saint-Martin,
Sème bon grain.

Semaine d'avant, semaine d'après la Saint-Martin,
Donnent du grain.

Mais là, tout le monde n'est pas d'accord :

Il est trop tard à la Saint-Martin
Pour semer ton grain.

Pourquoi cela ? répliquent les semeurs tardifs. On a vu de belles moissons semées fort avant dans la saison. Sans doute, répondent les semeurs précoces, mais c'est pure chance, et il ne faut pas en faire une méthode.

« Quand la semaille réussit après Toussaint (1er novembre), le père ne doit pas le dire à son fils. »

Il fait bon semer dans les Avents, (décembre)
Mais il ne faut pas le dire aux enfants.
(Nièvre)

Les partisans des semailles en décembre peuvent s'appuyer sur les dictons qui font intervenir Sainte Eugénie.

Il faut qu'à Sainte-Eugénie, (25 décembre)
Toute semaille soit finie.

A la Sainte-Eugénie,
Dans la grasse Normandie,
Les semailles sont finies.

La date officielle de la Sainte-Eugénie est le 25 décembre. Donc, on pourrait semer pendant l'Avent, mais en aucun cas après. Mais quelle étrange idée de désigner le 25 décembre par *Sainte-Eugénie* et non par *Noël !* Il se pourrait que ces dictons se fondent sur des traditions locales qui fixaient à la sainte une autre place dans le calendrier.

Les paysans tenaient aussi compte des phases lunaires, mais là-dessus les avis divergeaient énormément.

Ne sème jamais en lune nouvelle.
(Picardie)

Qui sème en lune tendre
Ne doit rien attendre.
(Bugey)

« Toute graine semée en nouvelle lune est à moitié perdue. » (Bourgogne)

En lune jeune ne faut emblaver
Que le vendredi dit le premier.

« En lune nouvelle, il ne faut ni semer les grains de printemps, ni tailler le bois. » (Auvergne)

Ne sème pas dans le croissant, il faucille avant toi.

Il s'agit ici du croissant dans son sens étymologique : celui de la lune croissante. Par la finesse de la métaphore, ce dicton populaire rejoint le poète Victor Hugo, et sa fameuse image du croissant lunaire : « Cette faucille d'or dans le champ des étoiles. »

Puisqu'on ne doit pas semer en période de lune croissante, faut-il le faire en période de lune décroissante ? D'après certains dictons, il semblerait que oui :

« Il est bon d'ensemencer au décours de la lune. »

Sème dans le déclin,
Tu auras du grain.
Sème ta graine au décours
Elle germera toujours.
(Picardie, Anjou, Touraine)

Hélas, cette solution est parfois refusée car

Ne sème rien au décous
Pour sûr tu perdrais ton coup.
(Morvan)

Quand décroîtra la lune,
Ne sème chose aucune.

En lune dure, rien ne pousse ni ne trésit (= réussit).
(Bourgogne)

Le plus sage est de semer en l'absence totale de lune, car de toute façon

La lune mange le grain.

La conclusion de quelques sages des temps anciens fut donc celle-ci :

Le laboureur lunier
Ne remplit par son grenier.
(Ariège)

La croissance de la plante fait l'objet des attentions les plus soutenues.

Avril ne s'en va jamais sans épis,
Mai sans fleurs,
Juin sans grains,
Juillet sans paille,
Août sans plus rien.

Qui va voir la récolte au mois d'avril
S'en revient plus mort que vif ;
Qui la visite au mois de mai
S'en revient le cœur gai.

Saint-Urbain, (25 mai)
La fleur au grain.
(Vosges)

Juillet ne s'en va pas sans son grain mûr.
(Bretagne)

Saint-Bernard (20 août)
Fait mûrir les grains en retard.
(Picardie)

Il convient de guetter les premiers signes de maladies afin d'y porter remède — lorsqu'il en est encore temps, ce qui n'est pas toujours le cas.

S'il fait la rouille en juin,
Cela fait mal au grain.

Tout doucement arrive la moisson. Le temps qu'il y fera revêt une telle importance que les paris sont lancés des mois à l'avance.

Claire nuit de Noël,
Claires javelles.

D'obscures matines,
Et de claires javelines.

Une javelle est une brassée d'épis fauchés. Quant au mot *matines,* il pouvait être employé pour désigner la ou les messes de la nuit de Noël. Les deux dictons ne sont pas forcément contradictoires. En effet, les expressions *claires javelles, claires javelines* sont ambiguës. Elles peuvent signifier « moisson faite par temps clair » ou « moisson clairsemée ».

Quand il pleut sur la chandelle (c'est-à-dire pour la
Il pleut sur la javelle. Chandeleur, le 2 février)

Mars dans l'eau,
Moisson dans l'eau.
(Belgique)

Tel mars, telle moisson.

Le temps sera à la moisson
Comme à Saint-Médard nous l'avons. (8 juin)
(Alsace)

S'il pleut à la Saint-Barnabé, (11 juin)
La moisson sera inondée.
(Belgique)

Le vent qui mène la bannière (de la procession des
Mène la moissonnière. Rameaux)
(Bourbonnais)

Belles Rogations,
Belles moissons.
(Bretagne)

Les Rogations étaient trois processions solennelles menées pendant chacun des trois jours précédant l'Ascension.

S'il pleut aux Rogations
Le premier jour, il pleuvra pendant la fenaison ;
Le deuxième jour, il pleuvra pendant la moisson ;
Le troisième jour, il pleuvra pendant la vendaison
(= la vendange).

Il va sans dire que ces affirmations ne reposent sur aucun fondement valable. Plusieurs dictons expliquent ensuite l'importance d'un temps convenable lors de la moisson :

S'il fait beau en juillet, bonnes récoltes.
S'il pleut, moisson molle.

Soleil du jour Saint-Anatole (3 juillet)
Pour la moisson joue un grand rôle.

A Saint-Henri suée, (15 juillet)
Mauvaise moissonnée.

« Quand il pleut à la Saint-Étienne (2 août), la moisson sera mince. » (Belgique)

Quand le bouvier chante, le moissonneur pleure.

A quel moment moissonnera-t-on ? Cette question reçoit mille réponses, selon que le champ se trouve dans le Midi de la France ou en Belgique, qu'il s'agit du blé ou d'avoine, que le temps a été chaud ou pas, etc. Les dates les plus diverses apparaissent :

En juin,
J'en moissonne quelqu'un.

Au mois de juillet, on met la faux au sillon.

Juillet, c'est le mois des moissons ;
Vite on dépouille les sillons.

« A la pleine lune de juillet, si la moisson n'est pas mûre, il y aura disette. »

A Sainte-Berthe, (4 juillet)
Moisson ouverte.

A Saint-Victor, (21 juillet)
Le moissonneur ne dort.
(Picardie)

Le jour de Saint-Ignace, (31 juillet)
Métivez (= moissonnez) *quelque temps qu'il fasse.*

En moissonnant se passe l'août.

A Sainte-Radegonde, (13 août)
En moisson les minutes sont des secondes.
(Picardie)

Une fois la moisson finie, on s'exclamait :

Récolte engrangée,
Récolte assurée.

Il faudra par la suite battre les céréales pour séparer le grain de la bale. Il convenait de ranger le grain en lieu sûr en attendant un temps convenable : sec et venteux si possible. Le temps de cette époque était donc supputé bien à l'avance.

Quel mars, quel battre.
(Bretagne)

Tel Sacre, (fête du Saint-Sacrement ou Fête-Dieu,
Tel battre. 2e dimanche après la Pentecôte)
(Anjou)

Le battage s'effectuait de la fin juillet jusqu'à la fin du mois de septembre.

Qui bat à la Sainte-Madeleine (22 juillet)
Bat sans peine ;
Qui bat en août,
Bat craint-tout.

A la Saint-Eusèbe, (14 août)
Au plus tard, fais battre ta gerbe.

Qui bat avant Notre-Dame (15 août) *bat quand il veut ;*
Qui bat après, bat quand il peut.

« Au mois de septembre, c'est dans l'après-midi qu'on bat. »

A la Saint-Firmin (25 septembre)
Les blés battent au vent.
(Picardie)

Cette opération, de nos jours, se réalise en même temps que la moisson, grâce aux puissantes moissonneuses-batteuses.

C'est en septembre que l'on vendait habituellement les surplus :

En septembre, sois prudent,
Achète grains et vêtements.

On comprend sans peine que le temps de l'année était maudit ou béni pour ses effets sur les céréales, et ce depuis le moment des semailles.

Brouillard à la Saint-Martin (11 novembre)
Amène bon grain et bon pain.

Quand Noël fait « cri-cra »,
Nous aurons du grain ;
Quand Noël fait « chi-cha »,
Beaucoup de paille, peu de pain.

Cri-cra : sons nets et cassants de la nature gelée. *Chi-cha :* sons mous et chuintants de la nature détrempée.

Noël gelé,
Moissons grainées.

Le jour de Noël humide
Donne greniers et tonneaux vides.
(Lorraine)

Année de neige emplit le grenier,
Année sans neige appauvrit le meunier.

Année de neige, année de bon grain.

Janvier et février
Comblent ou vident les greniers.

Gelée en janvier,
Blé dans le grenier.

Froid et neige en janvier
Emplissent granges et greniers.

Si les mouches dansent en janvier,
Ménage ton foin et ton grenier.
(Belgique)

Quand janvier met de l'herbe,
Si tu as du grain, garde-le.

Point ne s'emplira le grenier
Si chaud soleil brille en janvier.

Poussière de janvier,
Abondance au grenier.

Quand il ne pleut pas en janvier,
Il faut étayer le grenier.

La neige en février
Met peu de grain au grenier.
(Belgique)

Février humide remplit granges et tonneaux.

Froid de février.
Emplit le grenier.
(Vivarais)

Pluie de février
Remplit le grenier.

Beau février,
Disette au grenier.

L'orage de février
Remplit le grenier.
(Lozère)

A Sainte-Isabelle, (22 février)
Si l'aurore est belle,
Et s'il fait soleil au matin,
C'est du bon pour tous les grains.

Pour le mois de janvier, la sagesse paysanne est sûre et unanime : le froid et la neige sont hautement favorables à la future moisson. Pour février, les avis se partagent. Les observations scientifiques montrent que la neige et le froid pendant les mois d'hiver constituent des facteurs favorables.

Mars doit être froid et venteux, et les autres mois de printemps doivent être humides.

Hâles de mars, pluies d'avril et rosées de mai
Emplissent le grenier.

Mars mou, grain par les mottes.

Quand mars est sec, le grain fait touffe.

Quand il pleut à la Saint-Aubin, (1er mars)
N'as ni paille, ni foin, ni grain.

S'il gèle le 25 mars, pas de grain ni de vin.

A Pâques, la pluie partout,
Abondance de grain en août.

Pluie d'avril emplit les greniers.

Tonnerre en avril
Remplit greniers et fenils.

Avril frais et mai chaud
Remplissent le grenier jusqu'en haut.

Mai humide : beaucoup de paille et peu de grain ;
Aujourd'hui des fèves, et demain : faim.

Si Saint-Jacques l'Apôtre pleure, (1er mai)
Bien peu de grains il meure (= demeure).

Voilà pour certains avis. Selon d'autres, la pluie en mai est fort bien venue.

Mai pluvieux, année abondante en grains.
(Pays Basque)

Quand il tonne en mai,
Espérance au grenier.

Petite pluie abat grand vent
Et donne grain et vin souvent.

Mai froid et juin chaud
Rempliront le grenier jusqu'en haut.

A ce moment, la plupart des céréales d'hiver ont terminé le stade du tallage et beaucoup de variétés amorcent celui du redressement. Les futurs épis commencent à s'ébaucher au printemps, de sorte qu'une sécheresse en avril risque de réduire considérablement le nombre de ces épis. Pendant les mois d'été, la chaleur produira le meilleur effet sur la maturation des céréales.

Beau temps en juin,
Abondance de grain.

Si beaucoup d'eau tombe en ce mois, (juin)
Lors peu de grain croître tu vois.
(Ardenne)

Un juin humide
Et les greniers seront vides.

Pluie de juin
Détruit vin et grain.

« Quand il pleut à la Saint-Médard (8 juin), les grains deviennent mauvais. »

Si Saint-Landry est serein, (10 juin)
Qu'on s'assure d'avoir du grain.

Beau temps trois jours durant
Avant la Saint-Jean, (24 juin)
Bon grain pour l'an.

S'il pleut le jour de la Saint-Pierre, (29 juin)
Le grain bientôt enchérira.
S'il vente, c'est signe de guerre,
S'il fait beau tout réussira.

Juillet ensoleillé
Emplit caves et greniers.

Si Saint-Anatole est ensoleillé, (3 juillet)
La moisson remplira les greniers.
(Belgique)

On estime cependant que, de temps à autre, une bonne ondée d'orage ne peut faire que du bien.

En juillet, grand tonnerre du ciel emplit cave et grenier.

Tonnerre au mois d'août
Donne grain et bon moût.
(Beauce)

On a constaté que la croissance s'effectue au-dessus d'un seuil de température appelé zéro de végétation et en dessous d'un plafond (environ 30 °C pour le blé). Entre ces deux valeurs, on s'aperçoit qu'il suffit d'additionner les températures quotidiennes pour connaître l'état d'avancement de la récolte, la plante atteignant sa pleine maturité après une certaine somme, différente suivant les variétés. La chaleur n'augmente donc pas forcément le rendement, mais elle avance la date présumée de la moisson.

Avoine

L'avoine est une céréale de printemps. Elle est habituellement semée en mars, sauf si les conditions sont particulièrement favorables en février, comme dans les régions méridionales. On dit dans le Nord :

Avoine de février
Remplit le grenier.

Selon les études de R. Oger et R. Delhaye, « un semis hâtif d'avoine résiste mieux à la sécheresse, se défend mieux contre les mauvaises herbes et son grain est plus lourd et de meilleure qualité ». Dans le sud, où l'on sème habituellement en février, on voit l'avoine lever fort tôt.

A la Saint-Aubin, (1er mars)
L'avoine au vent.

Ailleurs, c'est normalement en mars que se font les semailles d'avoine. Ainsi que nous le verrons (p. 224), l'avoine se plaît en terrain humide, mais au moment des semailles, ses exigences sont très particulières. Il convient alors que le sol soit sec, et que le grain soit relativement clairsemé, ce qu'expriment les dictons suivants :

En mars sème ton blé dans la boue,
Mais ton avoine dans la poussière.

Sème ton blé à flatchette (= dans la boue),
Et ton avoine à porette (= dans la poussière).
(Picardie)

Blés en marette (= terre mouillée),
Avoine en pourette (= poussière).

Il faut un homme alerte pour semer les avoines,
Et un homme lent pour semer l'orge.

Les étapes suivantes sont tout naturellement la germination et la levée. C'est à cette époque du printemps que naissent les petits lièvres.

L'avoine, pour être bonne, doit germer sept fois.
(Normandie)

Avoine pointant,
Lièvre gîtant.

Si un climat ou un contretemps ont empêché le cultivateur de semer son avoine en mars, il peut encore tenter de le faire en avril, mais il doit s'attendre à quelque déception. Il arrivera souvent qu'au moment de la récolte, son champ ne soit encore qu'une sorte de pâture qu'il livrera au troupeau.

L'avoine d'avril,
C'est pour les brebis.

De toute façon, dans la seconde quinzaine d'avril, seul l'orge peut encore éventuellement être semé.

A la Saint-Georges, (23 avril)
Quitte tes avoines pour semer ton orge.

Dans la période qui s'écoule jusqu'à la moisson, le temps joue évidemment un rôle primordial dans la croissance de l'avoine. Contrairement à la majorité des autres céréales, elle s'accommode bien d'une grande humidité, surtout en juin. Le premier des dictons suivants est trop pessimiste en ce qui concerne les effets de la pluie en mai ; les autres sont tout à fait justes.

Pluie de mai détruit l'avoine,
Pluie de juin la sauve.

La pluie pendant le mois de juin
Fait belle avoine et maigre foin.
(Anjou)

Pluie au jour de Saint-Révérien, (1er juin)
Belles avoines, mais maigre foin.

Quand il pleut à la Saint-Barnabé, (11 juin)
Il y a de l'avoine partout où l'on a semé.

La prédilection de l'avoine pour l'humidité en fait une aubaine pour les fermiers qui ont à exploiter des terrains gorgés d'eau. C'est ce que révélait un recensement effectué en 1812 dans la région frontalière belge de Sivry-Rance. Boniface Legrain (sic), maire de Sivry à cette époque, y notait : « La très grande disproportion de l'avoine avec les autres produits provient de ce que la plus grande partie du terrain ne peut filtrer l'eau, d'où il résulte que la plus grande partie du terrain labourable forme un marais continuel et qu'après la gelée toute plante y existante sort de terre et périt. » L'avoine y occupait 223 hectares sur les 355 que comptait la commune.

Le stade de croissance le plus attendu est sans conteste l'épiaison. Dans le Nord, c'est dans la troisième décade de juin qu'elle se réalise.

Une fois que l'avoine est épiée,
On n'entend plus le coucou chanter.

(Voir à **coucou,** p. 28)

Dans le Midi de la France, il peut arriver que l'épi émerge de sa gaine en mai, mais le plus souvent ce sera en juin :

Avoine de mai,
Avoine de paye.
(Belgique)

Au mois de juin,
Se mange la fraise et l'avoine en grains.
(Languedoc)

A Saint-Antoine, (13 juin)
On peut compter son avoine.
(Picardie)

La dernière étape sera forcément la moisson. Depuis la Bretagne jusqu'en Belgique, elle a lieu durant la seconde moitié de juillet :

A la Sainte-Madeleine, (22 juillet)
On rentre le blé, on coupe l'aveine.

A la Madeleine,
Bonhomme, coupe ton aveine.
(Anjou, Touraine)

A la Madeleine,
La faucille à l'aveine.
(Bretagne)

En matière de prévision du temps, on employait l'avoine stérile, autrement appelée folle avoine. Il paraît que les barbes de la folle avoine s'enroulent sur elles-mêmes plus ou moins fort selon l'état hygrométrique de l'air. De plus, en juillet, au moment de la floraison, on confectionnait des bouquets d'avoine stérile, que l'on mettait ensuite à sécher. On disait que si les épillets s'ouvraient, il ferait beau, mais qu'il pleuvrait s'ils se refermaient.

Blé

Le blé a toujours été la céréale la plus appréciée et la plus utilisée pour la confection du pain. Il existe des variétés de blé d'hiver, et d'autres de printemps. Les semailles du blé d'hiver se font à des dates très variées selon les régions et les conditions climatiques. Elles peuvent s'effectuer de septembre à novembre, avec divers résultats attendus. Voici une série de dictons préconisant différentes dates :
« Quand on sème à la Saint-Étienne (2 septembre), le blé sera léger. »
« Le blé sera semé au jour de Sainte-Croix (14 septembre) ou de Saint-Denis (9 septembre) pour ne pas récolter de « blé noir ».

Sème ton blé à Saint-Maurice, (22 septembre)
Tu en auras à ton caprice.

« Le blé sera semé le jour de Saint-Firmin (25 septembre) si l'on veut éviter que les oiseaux le mangent. »

Ne sème pas à Saint-Léger (2 octobre)
Si tu ne veux blé trop léger.
Sème au jour de la Saint-François, (4 octobre)
Il te rendra grain de bon poids.
Mais n'attends pas la Saint-Bruno, (6 octobre)
Car ton blé serait abruné (= noirci)
ou
Car ton blé serait tout noiraud.

A la Saint-Gérard de Brogne, ne pas semer, (3 octobre)
Pour que le blé ne devienne pas léger.

A la Saint-François on sème le blé. (4 octobre)
La veille, qui le disait l'avait déjà semé.

Si tu veux le voir grossir,
Sème ton blé à la Saint-Denis. (9 octobre)

A la Toussaint, les blés doivent être semés,
Et tous les fruits bien enserrés.

« Qu'il pleuve, qu'il neige, qu'il vente, qu'il fasse chaud ou froid, le blé semé la veille de la Toussaint est toujours sûr de réussir. »

A la Saint-Mathurin (9 novembre)
Les blés semés,
Les fruits rentrés.

Saint-Martin (11 novembre)
Fait le blé fin.

A la Saint-Martin,
L'hiver est en chemin.
Qu'en ce jour le blé soit semé,
Et que les foins soient serrés.

Si tu veux avoir du grain,
Sème ton blé à la Saint-Martin.

A la Saint-André, (30 novembre)
La terre retournée,
Le blé semé,
Il peut neiger.

A la Saint-André,
Sème ton blé.

Devant cette masse de conseils discordants, certains cherchaient en août un présage.

Frimas vers la Saint-Barthélemy (24 août) :
Sème ton blé d'hiver tard car la gelée l'atteindrait.
(Ardenne)

Il convenait aussi de respecter une alternance correcte des cultures. Par exemple :

A bonne moisson de millet
Succède mauvais de blé.
(Guyenne)

Une pâture labourée constituait un bon terrain, de même qu'une terre bien noire ou un champ de petites dimensions, auquel on pouvait consacrer plus de temps :

Si tu veux des blés,
Fais des prés.

« La terre noire donne du bon blé, la terre blanche du blé bien grenu. »

En petit champ vient bon blé.

Les semailles du blé de printemps se faisaient souvent en mars, mais parfois aussi en avril.

En mars sème ton blé dans la boue,
Mais ton avoine dans la poussière.

Voir à **avoine,** p. 221.

Si le quinze avril tu as semé,
Tu auras blé dru et serré.
(Belgique)

Il restait ensuite à observer patiemment la croissance du précieux grain. Après la germination et la levée, il fallait attendre longtemps avant de voir un changement notable. Le cultivateur qui s'en allait voir son champ en mars revenait souvent déçu.

Fille n'est belle quand Carême n'est arrivé,
Pas plus qu'en mars le blé.

Bonhomme, ne regarde jamais
Ton blé en mars, ta fille en mai.
(Berry)

Il pouvait cependant se consoler à cette pensée :

Pauvre laboureur, tu ne vois
Jamais ton blé beau l'an deux fois.
Car si tel tu le vois en herbe,
Tu ne l'y verras pas en gerbe.

En mars, quelques feuilles garnissent le blé d'hiver, et celui de printemps germe à peine.

Quand mars est arrivé,
Le blé commence à guéser (= germer).

Blé en mars, gelée en mai,
Amènent le blé au balai.

C'est en avril que le champ réjouira son propriétaire. On disait d'ailleurs le 19 de ce mois :

A Sainte-Léonide,
Le blé pousse rapide.
(Picardie)

Dans le Midi, l'épi commence à se deviner sous sa gaine :

Nul avril sans épi.

Au mois d'aivri,
Le blé est en épis ;
Au mois de mai,
Il est en lait ;
A la Saint-Urbain, (25 mai)
Il fait le grain ;
A la Saint-Claude, (6 juin)
Le froment ôte sa caule (= sort de sa gaine).
(Franche-Comté)

C'est seulement en mai que les progrès sont manifestes :

Avril ne va pas sans épi de seigle,
Mai sans épi de blé.

En mai,
Blé ou vin naît.
(Huy, Belgique)

Mai ne s'en va pas sans épi de blé.

Mai donne le blé, juin le foin.
(Cévennes)

A la Saint-Urbain, (25 mai)
Le blé doit avoir fait son grain.

On peut alors se hasarder à évaluer le prix de la future récolte.

A la Saint-Urbain,
Vends ton blé et ton vin.

La floraison est le stade repère qui permet de prévoir l'époque de la moisson. L'abondance de fleurs rend le paysan optimiste. Dans le nord, c'est vers le 11 juin qu'apparaissent les fleurs.

S'il vente nord quand les blés sont en fleurs,
Riches seront les pauvres laboureurs.

Quand du blé tu vois l'épi,
Dans six semaines viens le quérir.

Six semaines après la floraison
Commence la moisson.

On coupe le blé
Sept semaines après qu'il est épié.

Blés fleuris à la Saint-Barnabé, (11 juin)
Font abondance et qualité.
(Normandie, Belgique)

Le blé en flours :
Dans quarante jours,
Du pain au four.
(Languedoc)

Lorsque le blé est en fleurs, un vent sec permettra une bonne pollinisation. C'est aussi l'époque de la couvaison des poules.

Quand le blé est en fleurs, mettez couver les poules.

Après cela, l'épi commence à s'alourdir sous les yeux réjouis du fermier.

Filles, voyez l'épi de blé :
Plus il est beau, plus il baisse le nez.

Vient enfin la moisson, qui se fait dès la fin juin dans certaines contrées méridionales, en juillet et août ailleurs.

En juillet, jusqu'au dernier,
Mets ton blé dans le grenier.

Juillet n'a jamais passé
Sans avoir blé nouveau sassé (= mis en sac).

A la Sainte-Madeleine, (22 juillet)
On rentre le blé, on coupe l'aveine.

A la Sainte-Madeleine,
La noix est pleine,

La noisette bonne à manger,
Le raisin formé,
Le blé au grenier,
La paille au pailler.

A la Sainte-Christine, (24 juillet)
Coupe le blé, plie l'échine.
(Belgique)

Le grain est alors soumis au foulage, puis au battage, qui doit attendre que le grain ait séché un peu.

Qui foule le blé avant la Madeleine (22 juillet)
Foule sans peine.
(Bourg-St-Andéol)

Quand arrive la Saint-Bernard, (20 août)
Si tu n'es pas en retard,
Ton blé n'est plus sous le hangar,
Et le moissonneur a sa part.

A la Saint-Firmin, (25 septembre)
Les blés battent au vent.
(Picardie)

On peut ensuite moudre le grain et pétrir les premiers pains de farine nouvelle.

A Saint-Germain, (31 juillet)
De blé nouveau on fait son pain.
(Picardie)

Les spéculations vont bon train à propos de la récolte future. Les paris sont lancés dès avant les semailles, et les présages les plus variés sont mis à contribution. Beaucoup d'entre eux sont de nature superstitieuse.

Lorsque Noël est étoilé,
Force paille et guère de blé.

Quand Noël est obscur,
Beaucoup de blé dans les champs.
Quand il est éclairé,
Beaucoup de paille et peu de blé.

Si Noël tombe un lundi,
Écoute bien ce que je dis.
De quatre bœufs,
Vends-en deux,
Et mets ton argent en blé,
Tu gagneras par moitié.

Quand Noël tombe un jeudi,
Charrettes et bœufs tu peux vendre.
Mais s'il tombe un vendredi,
Le blé roule sur la cendre.

Quand septembre est venu, si la cigale chante,
N'achète point de blé pour le remettre en vente.

Si le grillon chante,
N'achète point de blé
Pour le remettre en vente,
Ou tu seras blâmé.

Le chant du coucou était également écouté avec attention. S'il se faisait entendre alors que les bois étaient encore « déshabillés », c'est-à-dire sans feuilles, le pronostic était bon selon les uns, fâcheux selon les autres (voir à **coucou,** p. 28).

Quand le coucou arrive déshabillé,
Peu de paille, beaucoup de blé.

Il va de soi que les conditions climatiques sont l'élément déterminant de la récolte. Les humeurs du temps sont guettées avec appréhension dès que la graine se trouve en terre. Voici, dans l'ordre chronologique, ce que le cultivateur attend des divers types de temps.

S'il tonne en septembre, des fruits, du blé, du vin,
des biens de toute sorte abondamment.

(Vosges)

Tonnerre en novembre
Fait prospérer le blé
Et remplit le grenier.

Année de gelée,
Année de blé.

Sol gelé
Garde le blé.

Gelée en janvier,
Blé dans le grenier.

Beau temps à la Saint-Guillaume (10 janvier)
Donne plus de blé que de chaume.

Neige au blé, même bénéfice
Qu'au vieillard la bonne pelisse.

Neige de février,
Blé au grenier.

A la Saint-Isidore, (4 février)
Si le soleil dore,
Le blé sera haut et chenu
Mais le pommier sera nu.

Mars sec, c'est du blé partout.

Le foin manquera et le blé sera rare
S'il tonne avant Notre-Dame de mars. (25 mars)

S'il gèle le 25 mars, il y aura disette de blé.

S'il gèle à la Saint-Gontran, (28 mars)
Le blé ne deviendra pas grand.

Printemps pluvieux,
Beaucoup de foin et de blé peu.

Les choses sont claires : en hiver, la pluie est néfaste. L'idéal est un temps sec et froid, avec un tapis de neige sur le sol. Le gel doit pourtant cesser au début du printemps. En avril, la neige devient indésirable.

Sillon d'avril par la neige comblé,
Comme un bœuf dévore le blé.

C'est la pluie que l'on souhaite en cette période.

Pâques pluvieux,
Blé graineux.
(Angoumois, Guyenne)

Les pluies d'avril donnent du blé.

Tonnerre d'avril,
Abondance de blé et de fruits.
(Vosges)

Et s'il doit faire froid au printemps, autant que ce soit en avril.

S'il gèle le 25 avril, il y aura du blé.
(Gascogne)

Quand le blé épie,
Il faut que le cheval tremble à l'écurie.

En mai et juin, il faut un temps sec et chaud.
« Un mois de mai beau et chaud donne du blé en abondance. »
« Si le mois de mai est pluvieux, il y aura peu d'orge et point de blé. (Corse)

Si mai est frais,
Guère ne vaudra le blé.

S'il pleut à la petite Saint-Jean, (6 mai)
Les blés s'en vont dépérissant.

Quand il pleut le 13 mai,
Pour les blés, signe mauvais.

Le 13 du mois, les pronostics ne peuvent qu'être ambigus. Aussi le dicton précédent a-t-il suscité son contradictoire : « S'il pleut à la Saint-Servais (13 mai), les blés poussent fort bien. » (Nivelles, Belgique)

S'il pleut le jour de Sainte-Pétronille, (31 mai)
Le blé diminue jusqu'à la faucille.

Si en juin il vient grand chaud,
Tous les blés seront creux et hauts.
(Belgique)

S'il pleut la veille de Saint-Gervais, (19 juin)
Pour les bleds, c'est signe mauvais,
Car d'iceux la tierce partie
Est ordinairement périe
A cause que par trente jours
Le temps humide aura son cours ;
Que si tel jour est serein,
Qu'on assure d'avoir du grain.

Qu'il pleuve pour la Saint-Gervais,
C'est signe de pauvres blés.
La quarte ou tierce partie
Est en danger d'être pourrie.

S'il pleut pour la Saint-Gervay,
Les blés seront vite moisés.

S'il pleut à la Saint-Jean, (24 juin)
Le blé dégénère souvent.

On émet aussi ce pronostic, d'un caractère plus vague :

En fin de juin, vent du soir,
Pour le blé, bon espoir.

En juillet et août, rien ne peut plus changer la croissance du blé.

Du tonnerre à Sainte-Marguerite, (20 juillet)
Le fermier se console vite.
Il n'est jamais assez mouillé
Pour que le blé ne soit rouillé.

« Les pluies de la Sainte-Madeleine (22 juillet) font pourrir la pomme de terre et germer le blé sur pied. »

Quoi que fasse Saint-Henri (15 juillet)
Sur le blé mûr, le paysan rit.

Ce qui compte dès lors, c'est le temps qu'il fera au moment de la moisson. Certaines intempéries survenant à ce moment peuvent compromettre une récolte qui s'annonçait abondante.

A la veille de Saint-Jacques, (25 juillet)
Si tu as le soleil de Pâques (= pâle),
Compte que pour la moisson,
Le blé sera dru et bon.

Selon que le 14 août, le vent est haut ou bas,
Le blé est, cette année, d'un prix haut ou bas.

Complétons cet inventaire par deux dictons qui valent pour toute l'année.
« Les blés gagnent plus par le vent du nord-est que par le vent du sud. »

Bruine est bonne à la vigne
Et au blé ruine.

Tous ces dictons ne sont qu'une partie de ceux qui décrivent l'influence du climat sur le développement de la plante. Quelques remarques s'imposent.

Les précipitations hivernales ont une influence nettement défavorable sur les cultures. R. Oger et R. Delhaye expliquent cet effet par une « modification de la fertilité du sol liée au stock et à la distribution de l'azote soluble disponible au printemps ». Un excès de pluie a pour conséquences que :
— la structure des terres se dégrade, par exemple par tassement ;
— le sol est mal aéré ;
— un important phénomène de lessivage a entraîné l'azote, la potasse et le calcium, et le sol s'acidifie ;
— les racines se développent et sont peu efficaces ;
— les parasites prolifèrent ;
— le sol se refroidit, surtout si le temps humide s'accompagne de vent, etc.

La gelée a un effet très salutaire sur les céréales d'hiver. Elle entraîne une accélération notable de la mise à fleur, de sorte que l'on obtient à la moisson « peu de paille et beaucoup de blé ». Il est assez rare que la gelée occasionne des dégâts au blé ; ceux-ci se limitent souvent aux feuilles inférieures. La gelée garantit en outre l'absence de précipitations. Les dictons parlant d'un temps ensoleillé pendant les mois d'hiver sont donc à mettre en relation avec la gelée.

La neige assure une protection efficace contre les gelées trop incisives, mais surtout contre la dent des animaux affamés. Elle permet de regarnir les sources d'eau sans entraîner un lessivage du sol.

Le mois de mars doit être sec afin de permettre les semailles printanières. Il convient ensuite qu'il pleuve en suffisance afin d'assurer une bonne levée. Ce temps pluvieux devrait durer jusqu'en avril inclus, car une sécheresse à ce moment aurait pour effet de réduire le nombre de spicules, qui sont induites à ce moment par la plante. L'orage est synonyme de précipitations passagères associées à un temps relativement doux. Il convient donc aussi à ce moment.

En mai et juin, la pluie est mal accueillie, car elle risque de faire monter excessivement le chaume et de réduire la qualité panifiable du grain. La maturation des épis nécessite un temps chaud et relativement sec. La température est un facteur important. La chaleur n'augmentera pas l'importance de la récolte, mais elle écourtera le délai nécessaire.

Ensuite, le vent fort sera nuisible, à cause du risque important de verse, mais aussi parce qu'en augmentant fortement la transpiration des plantes, il provoque une fermeture intempestive des stomates, et donc un arrêt de la croissance. La pluie devient alors très mal venue, car il faut attendre que le pourcentage de matière sèche du grain ait retrouvé sa valeur normale pour entreprendre la moisson. Un mauvais temps passager n'occasionne pourtant pas de gros inconvénients, si ce n'est qu'une pluie abondante a parfois provoqué l'apparition de nouvelles pousses qui épuisaient la plante.

Les conditions idéales pour la bonne croissance du blé sont assez semblables à celles qui conviennent à d'autres plantes, ou même à la prolifération de certains animaux. C'est ce qui a donné naissance aux remarques suivantes :

Quand lilas il y a,
Blé il y a. (Nord)

Peu de fruits au groseillier,
Peu de blé au grenier.

Année de hannetons,
Blé à foison.

Comme des conditions favorables pouvaient facilement être gâchées par la suite, il convenait de ne pas se dessaisir trop tôt des réserves de l'année précédente, car le temps ou les rats risquaient de le faire regretter.

Jusqu'aux derniers jours de juillet,
Laisse ton blé dans le grenier.
(Languedoc)

Au laboureur nonchalant,
Les rats rongent le blé, et ahan !

En matière de prévision du temps, citons seulement cette pratique autrefois courante à Villers-le-Bouillet, en Belgique. La nuit du Nouvel An, on prenait douze grains de blé auxquels on distribuait les noms des douze mois de l'année. On mettait ces grains, l'un après l'autre, dans l'ordre du calendrier, sur une pelle à feu bien chauffée, mais non à blanc. Les grains qui sautaient de la pelle indiquaient les mois pendant lesquels le temps serait favorable ; les autres, les mois où le temps ne serait pas propice aux travaux des champs.

Froment

D'une manière générale, on peut considérer que le froment est une autre appellation du blé. Les dictons le concernant sont donc parallèles à ceux qui concernent le blé.

C'est à partir de septembre, et parfois jusqu'à la mi-novembre, selon temps et régions, que le froment d'hiver est semé.

Passé Notre-Dame, sème ton froment, (Nativité de la Vierge,
Il est temps. 8 septembre)

Semé à la Saint-Maurice, (22 septembre)
Le froment roussit.

Après la Saint-Clément, (23 novembre)
Ne sème plus ton froment.
(Belgique)

A la Saint-Clément,
En terre est le froment.
(Picardie)

La jeune graine se plaît en une terre fertile et humide. Les fonds des vallées lui conviennent particulièrement.

Les froments sèmeras en terre boueuse,
Les seigles en terre poudreuse.

En lieu bas sème le froment,
En haut lieu plante ton sarment.

Le premier précepte n'est plus à suivre, à l'époque des lourds tracteurs agricoles. Le travail des terres risque alors de provoquer un tassement préjudiciable.

Si les semailles ont été tardives, la plantule n'émergera pas de terre avant la Noël. Certains paysans redoutaient de la voir apparaître trop tôt, craignant que le froid ne la détruisît. Devant cette perspective de ruine, ils étaient prêts à se défaire de certaines bouches inutiles.

Si tu vois du froment à Noël, tue le chien.
Si tu n'en vois pas, donne-lui du pain.

En réalité, la gelée n'occasionne de dégâts sérieux au grain que si elle attaque les parties souterraines de la plante. Les variétés printanières sont semées dès que le temps le permet. Dans les régions les plus méridionales, c'est parfois en fin février.

A la Saint-Florent, (23 février)
Il est bien de semer le froment,
Mais sans perdre de temps.

Lorsque le coucou revient au début du printemps, il devient bien involontairement le crieur de la bourse aux céréales. Les anciens disaient alors :

Autant de fois chante le coucou,
Autant de francs vaut le froment.

C'est à la fin mai qu'a lieu la floraison du froment dans le nord. C'est souvent vers cette époque que tombe la fête mobile du Saint-Sacrement ou Fête-Dieu.

Au Saint-Sacrement,
L'épi est au froment.

Le froment sera mal nourri
Si mai ne voit sa fleur et son épi.

En Picardie et en Belgique, il faut souvent attendre le mois d'août pour effectuer la moisson du froment. C'est pourquoi cette opération est appelée dans divers patois l'*août*.

A Saint-Armand, (9 août)
Pleines rentrées de froment.
(Picardie)

A la Saint-Laurent, (10 août)
La faucille au froment.
(Belgique)

Pendant toute la vie de la plante, le temps exerce évidemment une influence considérable. L'hiver doit être froid et neigeux.

Année neigeuse,
Année fromenteuse.

Aux avantages d'une humidité constante s'ajoute la nécessité de l'alternance froid/chaud des saisons. Ce principe, appelé *thermopériodisme annuel* par les uns, et *cycles circadiens* par les autres, implique qu'un hiver rigoureux a pour effet d'accélérer la mise à fleur.

Les mois de mars et avril doivent être frais et humides, afin de favoriser la formation de nombreux épis. L'orage, amenant généralement une température trop douce, est mal accueilli par le cultivateur. Mais la pluie est la bienvenue.

Tonnerre en mars, grands vents,
Peu de fruits, peu de froment,
Peu d'huile, peu de vin,
Pour l'entretien du corps humain.

Saint-Druon pluvieux, (16 avril)
l'an est souvent fromenteux.

Les Pâques pluvieuses
Sont souvent fromenteuses
(Et souvent fort menteuses).

Pâques pluvieuses,
Mains pâteuses.
ou
Femmes pâteuses.

Ce dernier dicton n'a rien de désobligeant pour les dames. Il constate simplement qu'une bonne récolte de blé leur donnera l'occasion de mettre souvent « la main à la pâte. »

A partir de mai, le froment ne demande que de la chaleur.

Année de rosée,
Année de froment.

La rosée est en effet le signe d'un beau temps durable.

Eté brûlant
Fait lourd froment.

S'il fait beau à la petite Saint-Jean, (6 mai)
Année fructueuse en froment.

Eau de la Saint-Jean, (24 juin)
Peu de vin et pas de froment.

« Saint-Jean et Saint-Pierre (24 et 29 juin) tous deux pluvieux, beaucoup de boue, peu de vin, et aussi peu de froment. » (Pays Basque)

En mi-juillet, pluie et vent
Font mal au froment.

Sainte-Madeleine (22 juillet)
Pluie amène.
Si la pluie ne dure longtemps,
Elle remplit le grenier de froment.

Maïs

Le maïs ne fut introduit en Europe qu'au XVIe siècle, ce qui explique que l'on trouve très peu de dictons à son sujet. L'un d'entre eux évoque les bienfaits de la pluie des débuts de février dans le Midi de la France.

Si pour la Sainte-Agathe il pleut, (5 février)
Le maïs croît au mieux,
Même sur les pierreux.

En Belgique, le maïs est surtout conservé en silo pour l'alimentation du bétail. Il est rare que le temps permette de le récolter mûr, excepté lorsque la fin de l'été se fait exceptionnellement chaude.

Si les maïs du 15 août se fanent au soleil,
Pour six semaines, temps vermeil.
(Belgique)

Millet

Le millet est assez peu cultivé de nos jours. Comme plante fourragère, cette céréale est souvent délaissée en faveur de la luzerne ou du ray-grass. Elle présente l'inconvénient de nécessiter un apport d'éléments enrichissants, sans quoi le sol s'épuiserait, compromettant la récolte suivante.

A bonne moisson de millet
Succède mauvaise de blé.
(Guyenne)

Sa croissance est assez rapide au début du printemps. A la fin avril, le millet est donc plus développé que d'autres céréales d'hiver.

A la Saint-Georges, (23 avril)
Le millet vaut mieux que l'orge.

Un dernier dicton évoque une Saint-Lambert qui n'est probablement pas la fête officielle (17 septembre). Il serait mieux situé en avril.

Saint-Lambert empêche la gelée
De faire du tort au millet.
(Vosges)

Orge

De mémoire d'homme, l'orge a toujours accompagné le blé, dont elle se distingue par son grain plus long et étroit. Elle peut servir à la fabrication du pain, mais une fois germée, elle entre surtout dans la recette de la bière.

La variété hâtive semée en automne s'appelle traditionnellement *escourgeon*. C'est à elle que s'applique ces dictons, dont l'un évoque les bienfaits du ciel serein de janvier, et l'autre la première apparition des épis :

Belle journée aux Rois, (6 janvier)
L'orge vient sur les toits.

Saint-Georges (23 avril)
Met l'épi à l'orge,
La fleur au lin,
La graine aux raves.

Ce jour de la Saint-Georges est tout particulièrement dédié à l'orge (peut-être simplement pour la rime). C'est à ce moment que l'on sème cette céréale.

A la Saint-Georges,
Bonhomme, sème ton orge.
A la Saint-Marc, (25 avril)
Il est trop tard.

Entre Saint-Marc et Saint-Georges,
Un seul beau jour peut faire de l'orge.

A la Saint-Georges,
Il faut semer fèves et orge.

Pour la Saint-Georges,
Sème ton orge.
Pour la Saint-Robert, (29 avril)
Qu'il soit couvert.
Mais si tu attends la Saint-Marc, (25 avril)
Alors il est un peu trop tard.

A Saint-Georges,
Herse ton orge.

Il va de soi qu'un temps pluvieux compromettrait alors le déroulement des semailles printanières.

S'il pleut le jour de la Saint-Georges,
Ni prune, ni orge.

S'il pleut à la Saint-Georges,
Il n'y aura ni guigne, ni orge.

Ensuite, si un peu de pluie lui est nécessaire, un temps sec convient beaucoup mieux à l'orge. Dans toutes les régions, des dictons confirment cette constatation.
« Si le mois de mai est pluvieux, il y aura peu d'orge et point de blé. » (Corse)

La pluie à Saint-Vit un bon an donnera (15 juin)
Mais l'orge en souffrira.
(Alsace)

Quand il pleut à la Saint-Jean, (24 juin)
L'orge s'en va en dépérissant.
(Lorraine)

Un petit conseil venu d'un lointain passé : semez votre orge assez dense, contrairement à l'avoine.

Il faut un homme alerte pour semer les avoines,
Et un homme lent pour semer l'orge.

Une dernière remarque permettra d'évaluer chaque année l'état d'avancement de votre récolte : l'épi d'orge forme sa barbe au moment où le coucou cesse son chant, vers juin-juillet (voir p. 28).

La barbe d'orge
Coupe au coucou la gorge.

Sarrasin

Cette plante herbacée est appelée aussi *blé noir*. Ses graines fournissent une excellente farine de pâtisserie, qui fut naguère en vogue en Bretagne. Beaucoup le semaient au début de juin.

A la Saint-Pothin, (2 juin)
Bonhomme, sème ton sarrasin.
(Bretagne)

« Saint-Médard (8 juin) est le meilleur jour de l'année pour semer le blé noir. »

La pluie, à ce moment, risque de faire proliférer les mauvaises herbes, comme la navette sauvage, appelée ici *russe*.

Quand il pleut pour la Saint-Médard,
Il y a des russes dans le blé noir.

La graine se récolte en août ; elle sera moulue fin septembre.

Saint Laurent arrange les blés noirs. (10 août)
(Auvergne, Limousin ; Belgique)

Fais ton blé noir quand tu voudras,
Pour Saint-Michel tu le moudras. (29 septembre)
(Morvan)

Les deux dictons suivants ont peu de chances d'être fondés.

Carnaval quiair (= clair),
Bon an de ble nouer.
(Morvan)

La gelée du Jeudi-Saint
Gèle le Sarrasin.

A ces dates, en effet, le sarrasin n'a pas encore été semé.

Comme pour bien des cultures, le temps idéal pour le sarrasin l'est aussi pour le hanneton ; on dit en Bretagne : « Quand la larve du hanneton ne sort pas de terre, l'année sera mauvaise en sarrasin. »

Seigle

Le seigle a un peu perdu de l'importance qu'il revêtait jadis dans nos régions. Sa grande résistance au froid le confine plutôt aux pays nordiques. Certaines variétés sont semées en mars, d'autres en automne.

Veux-tu oignons, seigle, petits pois ?
Sème-les vers la Saint-Benoît. (21 mars)
(Alsace)

A la Saint-Michel, (29 septembre)
Sème ton seigle.

Le seigle de la Saint-André (30 novembre)
Ne sort qu'à Noël arrivé.
(Belgique)

Le seigle d'hiver forme ses épis le premier, parfois en mars, le plus souvent en avril.

Si le seigle est sans épis
Au mois de mars, c'est tant pis.

Avril ne va pas sans épi de seigle,
Mai sans épi de blé.

Sa croissance se poursuit ensuite allègrement, jusqu'à ce que le chaume atteigne 1,50 m à 2 m. C'est lui que l'on utilisait pour recouvrir les toitures.

Au moi de mai,
Le seigle déborde la haie.
(Belgique)

Le seigle aime un terrain et un climat secs.

Les froments sèmeras en terre boueuse,
Les seigles en terre poudreuse.
ou
Sème tes seigles dans la terre poudreuse
Et tes froments dans la terre bourbeuse.
(Lyonnais)

TOUCHE PAS A MON BLE

Le seigle dit : « Garde-moi de l'humidité,
Je me garderai de la gelée. »
(Artois-Picardie)

S'il pleut à la Saint-Barnabé, (11 juin)
Le seigle perd le pied.

Cette céréale a aussi besoin de l'alternance chaud-froid des saisons.

Neige avant Noël,
Fumier pour les seigles.

C'est ainsi qu'après un hiver rude, la variété Petkus peut produire son épi après le septième nœud, au lieu du vingt-cinquième nœud après un hiver doux.

Betterave

En France et en Belgique, la culture de la betterave sucrière a pris de l'extension au début du XIXe siècle. Les sentences qui la mentionnent sont forcément rares, puisque la production de dictons s'est considérablement tarie après le XVIe siècle.

La Picardie, toutefois, en connaît deux :

A Saint-Laurent, (10 août)
Betterave profite amplement.

A Saint-Luc, (18 octobre)
Betterave devient sucre.

C'est surtout en novembre qu'a lieu la récolte principale, qui s'étend jusque la mi-décembre.

Houblon

Un seul dicton cite le houblon :

Année de pucerons,
Année de houblon.

Il est probable, mais non contrôlé, que les conditions climatiques favorables aux pucerons, le sont aussi pour la culture du houblon.

Lin

Il règne une certaine confusion parmi les dictons évoquant la culture du lin. Ainsi, les Bretons semaient apparemment une variété d'hiver, tandis que dans les Vosges les variétés printanières avaient la préférence.

A la Saint-Mathurin, (9 novembre)
Sème ton lin.
(Bretagne)

Pour garder de gelée le lin,
Semez-le le Vendredi-Saint.
(Vosges)

On trouve donc un décalage dans les dates de floraison.

Saint-Georges (23 avril)
Met l'épi à l'orge,
La fleur au lin,
La graine aux raves.

A la Saint-Sauveur, (= la Fête-Dieu,
Les lins sont en fleurs. 2e dimanche après la Pentecôte)
(Picardie)

Les autres stades de croissance du lin semblent se rejoindre par la suite.

Juin fait pousser le lin
Et juillet le rend fin.

A la Saint-Lin, (23 septembre)
Fais rouir ton lin.

Le rouissage du lin s'effectue après l'arrachage, à une date qui varie en fonction de la croissance de la plante. Il consiste à le laisser tremper dans l'eau pendant une quinzaine de jours pour provoquer le décollement des fibres.

Divers types de temps donnent lieu à des pronostics sur la future récolte de lin.

Pluie de Saint-Martin (11 novembre)
Ne laisse ni chou ni lin.

S'il y a lune blanche à Noël,
Il y a bon lin dans les guérets.

Lune blanche à Noël,
Bon lin à récolter.

Quand tombe de l'eau le Lundi-Gras,
Lin fin et beau tu auras.

Quand mars est sec, le lin fait de la bourre.

Quand mars mouillé sera,
Bien du lin se récoltera.

Et pourtant,

Quand il pleut à la Saint-Aubin, (1er mars)
Il n'y a ni foin ni lin.

Mai mou, lin pour les femmes.

On ne voit guère quel danger la pluie de la Saint-Martin peut constituer pour le lin déjà arraché ou à peine semé. Par ailleurs, la pleine lune s'aperçoit à la Noël lorsque le ciel est dégagé. Dans ce cas, il gèle souvent en cette saison, ce qui est bon pour le futur développement de la plante. Les dictons semblent s'accorder, dans leur majorité, sur le bon effet de la pluie en février-mars. La pluie de la Saint-Aubin ne paraît pas mériter sa fâcheuse réputation.

Chanvre

Le chanvre *(Cannabis sativa)* est peu cultivé dans le Nord quoiqu'il l'ait été naguère jusqu'en Picardie. Dans les régions méridionales, il est souvent semé en mars, après quoi un temps pluvieux lui conviendra parfaitement.

Plus les rivières s'enflent en mars,
Et plus les chenevières croissent.
(Languedoc)

Par contre, en Belgique, il est semé fin avril, début mai.

A la Saint-Servais de mai, (13 mai)
Sème ton chanvre ou bien ne le sème jamais.

Ceux qui sèment le chanvre aux Rogations,
Le tirent à croupetons.

Semé tard, le chanvre sera trop petit.

Pas question, donc, d'attendre la pluie pour semer, si elle n'est pas là au moment souhaité.

Pluie ou non,
Le chanvre doit être semé dans sa saison.
(Provence)

Les autres dictons recueillis sont de nature superstitieuse. Ainsi, un temps ensoleillé le 6 janvier, jour des Rois, était censé favoriser la récolte du chanvre, qui n'était pas encore semé !

Quand il fait beau le soir des Rois,
Il vient du chanvre par-dessus les toits.

Quand clairs sont les Rois,
La chenevière vient sur les toits.

Quand le soleil luit aux Rois,
Le chanvre croît sur les toits.

Ou, au contraire,

Quand il pleut le jour des Rois,
Le chanvre vient sur les toits.
(Haute-Marne, Champagne)

On croyait que l'année bissextile devait être tellement humide que seul le chanvre pouvait être cultivé.

L'année bissextile, soyez fin,
Semez du chanvre au lieu du lin.
(Bretagne)

Un dernier conseil, capital, afin d'obtenir une excellente production de chanvre :

Si du chanvre tu veux récolter,
Au Carnaval faut danser.
(Deux-Sèvres)

Foin

L'incidence du temps sur l'herbe est souvent opposée à son influence sur les autres cultures. C'est pourquoi l'on dit :

Quand le bouvier chante, le moissonneur pleure.

Année de foin,
Année de rien.

Année d'herbe
Jamais superbe.

Quand les bêtes mangent, les hommes jeûnent.
(Dauphiné)

Voyons, au fil des mois, l'impact du climat sur le foin :

En décembre, l'eau est la bienvenue.

Temps pluvieux en Avent,
Il y aura beaucoup de foin.

En janvier, le pire est un temps trop doux.

Si l'herbe en janvier déjà pousse,
Reste de l'an ne sera que mousse.

Si les mouches dansent en janvier,
Ménage ton foin et ton grenier.
(Belgique)

Manteau de neige dans les prés,
Manteau de foin prochain été.

Le temps de février est capital, car,

Au mois de février,
Chaque herbe fait son pied.

En ce mois, un temps sec est généralement froid : condition excellente. Très fâcheuse au contraire est la conjonction du sec et du doux.

Mardi-Gras, beau temps, beau foin.

Février sec, herbe partout.
(Belgique)

Mais,

Si février est sec et chaud,
Garde du foin pour tes chevaux.

Mars, avril et mai doivent être bien arrosés,

Printemps pluvieux,
Beaucoup de foin et de blé peu.

S'il pleut à la Saint-Victorien, (23 mars)
On peut compter sur beaucoup de foin.

Pluie d'avril
Remplit le fenil

A la Saint-Georges (23 avril), *autant de gouttes tombent, autant croissent de pieds de foin dans les prés, d'herbes salutaires dans les champs.*
(Vosges)

Rosée et fraîcheur en mai
Donnent vin à la vigne et foin au pré.

Les pluies d'orages ont un statut particulier : indésirables en mars, car elles sont l'indice d'un temps trop chaud, elles sont bien accueillies dans les mois suivants.

Quand il tonne en mars, on met le foin dans un étui à chapeau.

Tonnerre d'avril
Remplit greniers et fenils.

Mais tant de pluie au printemps est néfaste à bien des cultures.

Pluie de mars grandit l'herbette,
Et souvent annonce disette.

Pluie de mai grandit l'herbette,
Mais c'est signe de disette.

En juin, tout change : pas trop d'eau, s'il vous plaît ! juste quelques orages.

S'il tonne au mois de juin,
Année de paille et de foin.

Chaud et bon juin,
Mauvaise herbe et bon strin (= paille, en wallon).
(Nivelles, Belgique)

La « mauvaise herbe » désigne toute plante non semée, donc le foin.

En beau juin,
Toute mauvaise herbe donne bon foin.

La pluie pendant le mois de juin
Donne belle avoine et chétif foin.
(Anjou)

S'il pleut le jour de Saint-Leufroy, (21 juin)
Foin dans les prés n'est pas à toi,
Car si l'eau commence au matin,
En voilà pour trois jours sans fin.

Une consolation, cependant :

Si le foin pourrit,
Le vin mûrit.

Un dicton recueilli en Belgique ne semble pourtant pas trop s'inquiéter de la pluie de juin succédant au temps couvert de mai :

Mai couvre l'herbe et juin l'arrose.

Certains dictons se bornent à constater que la qualité de la future récolte de foin peut s'évaluer en mai-juin.

Mai et juin
Amènent la paille et le foin.
(Berry)

Mai l'herbe pousse.
Et juin la coupe.

Juin.
Fait beau le foin.
(Hesbaye)

C'est le mois de juin qui fait le foin,
C'est le mois de juin qui fait le pain,
C'est le mois de juin qui fait le grain.

La Pentecôte
Donne les foins ou les ôte.

Vient ensuite le moment crucial de la fauchaison, et la terrible attente jusqu'à la fenaison. Les méthodes modernes, utilisant la faucheuse-conditionneuse, permettent souvent de rentrer le foin 24 heures après l'avoir coupé. Dans le temps, il fallait environ cinq jours, comme l'atteste ce dicton :

Saint-Jean faucher, (24 juin)
Saint-Pierre faner. (29 juin)
(Ille-et-Vilaine)

Si la pluie survenait pendant cet intervalle, elle pouvait gâter le foin, et même parfois le rendre impropre à l'alimentation des bêtes. On comprend donc l'anxiété avec laquelle nos ancêtres observaient certains signes des mois à l'avance.

« Quand il pleut aux Rameaux, il pleut à la fenaison et à la moisson. » (Guyenne)

Quand il pleut le jour des Rameaux,
Il pleut sur les bargeneaux (= meules de foin).

Telles Rogations,
Telles fenaisons.

Belles Rogations,
Belles fauchaisons.

« Quand le temps est beau le premier jour des Rogations, c'est un beau temps pour la fenaison. » Voir p. 214.

A la Procession de la Fête-Dieu, jonchées qui se fanent présagent une belle fenaison.

Pavillée mouillée,
Fenaison manquée.

La « Pavillée » est l'ancien nom donné à la procession de la Fête-Dieu, en raison des *pavillons* ou reposoirs qu'elle visitait successivement.
Les fenaisons commençaient à des dates très variées suivant le temps et les régions. La première mention vient paradoxalement de Picardie.

A Saint-Achille, (12 mai)
Herbe à pleine faucille.

Il s'agit probablement de la luzerne, dont les premières coupes se font parfois à ce moment. C'est normalement en juin que les plus impatients saisissent leurs faux.

Entre juin et juillet,
La faucille s'y met.

Mai l'herbe couve
Et juin la coupe.

A Sainte-Emma,
ou
A Saint-Optat, (4 juin)
Tes fourrages en bas.

S'il pleut le jour de Saint Médard, (8 juin)
Le tiers des biens est au hasard ;
Mais vient le bon Barnabé, (11 juin)
Et parfois tout est réparé
Pour mettre la faux au pré.

A la Saint-Barnabé,
Fauche ton pré.

Pour la Saint-Jean, (24 juin)
La faucille à la main.

A Saint-Fabien, (28 juin)
Bon foin jaunit bien.
(Picardie)

Au plus tard en juillet,
La faucille au poignet.

A Saint-Alexis, (17 juillet)
Foin occis.
(Picardie)

Devant le risque que l'on courait à temporiser, bien peu se préoccupaient de la phase lunaire pour faucher. Le dicton suivant aurait pu faire perdre un temps précieux.

En lune jeune, foin coupé
Est de mauvaise qualité.
(Provence)

Cette période harassante, mais ô combien joyeuse, de la fenaison permettait par ailleurs une prévision du temps :

« Il pleuvra si le foin exhale intensément son parfum », disait-on en Belgique, dans la région de la Hesbaye, tandis que, dans les Vosges, il était reconnu que « les herbes s'affaissent avant le mauvais temps ».

Luzerne

Cette plante fourragère est très appréciée des éleveurs et de leurs pensionnaires. Sa culture connaît d'ailleurs une extension remarquable en Amérique du Nord, où elle permet de reconstituer les réserves d'azote du sol. Elle présente aussi l'avantage d'autoriser plusieurs coupes sur la saison. La première a souvent lieu fin mai.

A Sainte-Émilie, (22 mai)
Luzerne à pleine faucille.
(Picardie)

En Belgique, on prévoyait des précipitations de pluie si l'on voyait la tige de la luzerne se redresser. Cette réaction à l'état hygrométrique de l'air se remarque aussi chez d'autres plantes : voir p. 298.

Vigne

De toutes les plantes de la création, la vigne est certainement celle qui a le plus inspiré la verve dictonnière. L'allégresse que le vin procure à l'homme suffit-elle à expliquer l'amour avec lequel le vigneron soigne son vignoble ? Il est de fait que la vigne demande énormément de soins avertis. On peut en juger par les conseils judicieux transmis de père en fils.

En lieu bas sème le froment,
En haut lieu plante le sarment.

Un binage
Vaut un arrosage.

Qui bine
Vine.

A la Saint-Didier, (23 mai)
Il fait bon fessorer.

Fessorer, c'est biner (on dit aussi *écobuer*) au moyen du *fessoir*.

Vigne double si elle est close.

Rameau court, longue vendange.

De bois noué court, grandes vendanges.

Petit bois, grande ramée,
Grande ramée, petite vinée.

Ote à tes ceps la deuxième pousse pour ne pas voir bientôt tes grappes déguenillées.

Dans ta vigne, veux-tu trouver du meilleur vin ?
Des feuilles trop épaisses dégage le raisin.

Qui veut avoir bon goût
Laboure sa vigne en août.

La taille donne lieu aux plus grandes spéculations. A quelle date y procédez-vous ?

Saint Vincent au pied sec, (22 janvier)
La vigne à la serpette.

A la Saint-Vincent,
Petit bonhomme, mets ta serpe dans le sarment.

A la Saint-Vincent,
Vigneron, la serpe au vent.

Qui taille sa vigne en février
N'a pas besoin de corbeille ni de panier.

Si tu tailles ta vigne en février, le jour de Saint-Antoine (13 juin) *tu auras de gros raisins.*

Si tu tailles ta vigne en février,
Tu mets le raisin en ton panier.
Si tu tailles le jour de Saint Aubin, (1er mars)
Tu auras alors de gros raisins.

Taille tôt, taille tard,
Rien ne vaut la taille de mars.

La vigne me dit :
En mars me lie,
En mars me taille,
En mars il faut qu'on me travaille.

En mars le vigneron me taille, me lie,
Le vigneron me baille toute sa vie.

Le vigneron me taille,
Le vigneron me lie,
Le vigneron me baille
En mars toute ma vie.

Qui taille sa vigne à Saint-Aubin (1er mars)
A toujours sa vigne et souvent du vin.

A Saint-Grégoire, (12 mars)
Tailler sa vigne, c'est de l'or.

A Saint-Grégoire,
Il faut tailler sa vigne pour boire.

Pour que les rats ne mangent pas le raisin,
Il faut tailler la treille le Vendredi-Saint.
(Dauphiné)

Taille le Vendredi-Saint,
Tu auras beaucoup de raisins.

A la Pentecôte,
On doit tailler la vigne de côte en côte.

Quelle phase lunaire me conseillez-vous pour ce travail ?

Les vignes vieilles doivent se tailler en lune jeune.
(Gascogne)

« La vigne taillée en lune jeune fait du bois. Taillée en lune vieille, elle donne du fruit. (Languedoc)
Il faut planter les pommes de terre et le blé, et tailler la vigne au déclin de la lune. » (Bourgogne)
Il ne faut pas tailler la vigne quand la lune est sur son déclin. » (Bourgogne)

En pleine lune la vigne ne plante,
Non plus ne taille la jeune plante.

Il va de soi que, tout au long de l'année, le temps et d'autres indices seront observés attentivement. Par un jeu de mille déductions, le prix de la prochaine récolte en sera vite calculé. D'une manière générale, une année sèche sera plus favorable qu'une année humide.

On peut prévoir la future vendange en observant le sort d'autres végétaux.

Année de groseilles,
Année de bouteilles.

Beaucoup de pois, peu de vin.

Grande purée (de pois),
Petite vinée.
(Anjou)

Si le foin pourrit,
Le vin mûrit.

La faune peut aussi donner des indications.

Grande hannetonnée,
Petite vinée
Et grande pommée.
(Ile-de-France)

Ainsi, bien sûr, que la vigne elle-même.

Gouttes (= gomme) *au sarment*
Vin abondant.

D'une façon générale, une année sèche est jugée plus favorable qu'une année humide.

Année sèche,
Année de vin.

Longue sécheresse, lac de vin.
(Guyenne)

Mais la pluie a aussi ses vertus.

Petite pluie abat grand vent
Et donne grain et vin souvent.

Bruine est bonne à la vigne,
Et au blé, ruine.
(Bourgogne)

Il faut reconnaître qu'un excès d'eau nuit sous de nombreux aspects. Selon D. Soltner, « pour la vigne, le rapport inverse de l'apport d'eau et de la qualité du vin semble couramment admis. Pourtant, d'après les travaux de l'INRA, il semble que pour les cépages nobles tels que cabernet-sauvignon et merlot, le taux de sucre des baies (ou degré d'alcool probable) croît régulièrement et modérément avec la quantité d'eau utilisée par la plante, donc avec le rendement, tandis qu'à l'opposé, pour les cépages traditionnels du midi comme l'Aramon, la teneur en sucre diminue quand l'alimentation hydrique augmente. Pour d'autres cépages comme le grenache, l'apport élève d'abord le taux de sucre, puis, s'il s'élève encore, le fait diminuer. »

L'intempérie la plus honnie est évidemment la grêle.

Vigne grêlée,
Vigne fumée.
ou
Vigne vendangée.

Mais on a judicieusement fait remarquer que la grêle ne fait pas que des malheureux. Elle est signe de temps orageux, et l'orage est souvent propice à la croissance du raisin.

De grêle n'est mauvaise année
Qu'au lieu où elle est tombée.
Jamais ne grêle en une vigne
Qu'en une autre il ne provigne.

Entrons dans les détails et examinons nos coteaux mois après mois. Dès le début de l'hiver, il faut un juste climat. Décembre doit être froid et sec, malgré quelques petites divergences d'opinions :

Il faut les Avents froids et secs
Si l'on veut boire sec.

Noël mouillée,
Tonneaux assoiffés.

Noël doux et humide
Fait tonneaux et greniers vides.

Avis totalement hérétiques selon certains :

Dans l'Avent temps chaud
Remplis cuves et tonneaux.
(Savoie)

On disait aussi à la Noël :

Noel, il est certain,
Ne fut jamais bon marchand de vin.

Ce qui est une façon de constater sagement qu'il est vain de vendre sa future vendange au vu du temps qu'il fait à Noël. Il est encore plus risqué de suivre les dictons qui fondent leur pronostic sur le jour de la semaine auquel tombe Noël, surtout lorsqu'ils sont aussi énigmatiques que le second cité.

Quand Noël tombe un mardi,
Pain et vin de toutes parts.

Noël un vendredi,
Dans les cendres le pain
Déjà bout avec le vin.
(Belgique)

En janvier le temps sec s'impose, avec un peu de neige si possible. L'orage est à éviter, à cause du redoux qu'il amène souvent, de même que la pluie.

Un janvier froid et sans neige
Fait du mal aux arbres et à la vigne.
(Alsace)

Si janvier ne prend son manteau,
Malheur aux arbres, aux moissons, aux coteaux.

Si janvier a plus de boue que de glace,
Le pinot fera la grimace.

Si janvier est noyé mouillé, tu peux compter
Que guère de vin ne sera.

S'il tonne en janvier,
Cuves au fumier.

Janvier sec et beau
Remplit cuves et tonneaux.

Clair à l'Épiphanie, (6 janvier)
Tonneaux bien remplis.
(Alsace)

S'il pleut la veille de Saint-Pierre, (18 janvier)
La vigne est réduite au tiers.

Le jour de la Saint-Vincent, (22 janvier)
Si le soleil luit grand comme un chapeau,
On aura du vin plein le tonneau.
(Lorraine)

Saint-Vincent clair et Saint-Paul trouble (25 janvier)
Mettent le vin dans la gourde.

Prends garde au jour de Saint Vincent
Car si ce jour tu vois et sens
Que le soleil est clair et beau,
Nous aurons plus de vin que d'eau.

S'il fait beau à la Saint-Vincent,
Les vignerons sont toujours contents.

Beau Saint-Vincent, récolte promise.

Le jour de Saint Vincent clair et serein
Annonce une année de bon vin.

Saint-Vincent clair et beau
Fait verser le tonneau.
(Languedoc)

Quand il fait beau le jour de la Saint-Vincent,
Il y a du vin dans le sarment.
(Anjou Touraine)

Quand le soleil luit à la Saint-Vincent,
Le vin monte dans le sarment,
Ou s'il gèle il en descend.

Si le jour de Saint-Vincent
Le soleil est clairvoyant,
Il y aura beaucoup de jus au sarment.
(Provence)

Le jour de Saint-Vincent,
Si le soleil luit tout le jour, vinée complète ;
S'il pleut une partie du jour, demi-vinée ;
S'il pleut tout le jour, disette.

Si le jour de la Saint-Vincent est trouble,
Il met le vin au double (= il en double le prix).
(Loiret)

Mais pourquoi tant de soucis, puisque saint Vincent ne veut que du bien à la vigne ?

A la fête de Saint Vincent,
Le vin monte dans le sarment.
(Beauce)

Quittons le riche folklore de la Saint-Vincent sur cette étonnante affirmation :

Le soleil de la Saint-Vincent fait boire les vignerons
jusqu'à leurs serpettes. (Champagne)

S'il fait beau à la Conversion, (de Saint-Paul,
Le vin sera bon. le 25 janvier)

De Saint-Paul le temps chaud et beau (25 janvier)
Annonce plus de vin que d'eau.

Inévitablement, quelques dictons se singularisent en vantant les mérites de la pluie en janvier.

« S'il pleut le 6 janvier la récolte de vin sera bonne. » (Dauphiné)

Pour les Rois, quand le ruisseau coule
Le vin coule à flots.

Le premier janvier, on disait encore :

« Si le premier de l'an tombe un mardi, l'hiver sera neigeux, l'été mouillé et le vin cher. »

En dépit d'une voix discordante, il est entendu que février doit être sec.

Février humide remplit granges et tonneaux.

S'il tonne en février,
Point de vin au cellier,
Jette tes fûts au fumier.

Quand il tonne en février,
Mettez vos tonneaux au grenier.

S'il tonne en février,
Point de vin tiré.

S'il tonne en février,
De ta cave fais un grenier.

Si le jour de la Chandeleur il fait beau, (2 février)
Il y aura du vin comme de l'eau.

Chandeleur borgnette,
Vendange est faite.

C'est-à-dire : si la Chandeleur est obscure (ancien sens du mot *borgne*), c'en est fait de la vendange.

En février, les viticulteurs les plus impatients sortiront dans leurs vignobles.

A Sainte-Agathe, (5 février)
Prends ta bouteille,
Va à ta vignette ;
Si tu n'y vas pas pour travailler,
Vas-y pour goûter.

(Arles)

Contrairement aux mois précédents, mars peut être arrosé, malgré la taille en cours.

De gaieté, vigneron, vide ton verre
Si la pluie en mars inonde la terre.

Quand mars mouillera,
Bien du vin tu auras.

Bien va la tonne,
Tonnerre, quand mars tonne.
(Gascogne)

Lorsqu'au mois de mars il tonne,
On emplit bouteilles et tonnes.

Tonnerre en mars
Met la cuve sur son quart.

S'il tonne en mars,
Il faut relier tines et tinards.
(Nivernais)

Pain et vin viennent de toutes parts
Quand en mars le tonnerre part.

Quand il pleut pour la Saint-Aubin, (1er mars)
L'eau est plus chère que le vin.

Pluie de Saint-Grégoire, (12 mars)
Autant de vin de plus à boire.

On laissera tout de même s'exprimer les contestataires :

Quand le mois de mars est beau,
Il remplit cuves et tonneaux.

Mars sec et chaud
Remplit caves et tonneaux.
(Meuse)

C'est en avril qu'apparaissent la plupart des bourgeons. Ils seront alors bien ou mal accueillis, selon la probabilité de gelées nocturnes.

A raisin d'avril
Il ne faut treillage, cuve ni baril ;
A raisin de mai,
Il faut tout cela et bien mais (= plus).

Avis contraire :

Quand le raisin naît en avril,
Il faut préparer son baril.

En tout cas, le vin « bourgeonné » en avril a un avantage : il est d'excellente qualité.

Le vin d'avril est un vin de Dieu ;
Le vin de mai est un vin de laquais.

A ce moment, il serait bon que le temps soit frais et humide, et le ciel couvert.

Avril froid donne pain et vin.
(Guyenne)

En avril, si la gelée vient,
Elle apporte pain et vin.

Quand en avril partout il gèle,
Le vigneron est en cervelle (= fou de joie).

De tels transports s'expliquent si la vigne n'a pas bourgeonné : le gel repoussera le phénomène jusqu'à une période moins dangereuse. En outre, on imagine volontiers que s'il gèle bien fort en avril, il ne pourra plus geler en mai. Naturellement, les gelées d'avril peuvent aussi être désastreuses si la végétation est en avance :

Gelée de Saint-Fructueux (16 avril)
Rend le vigneron malheureux.

Gelée du Vendredi-Saint
Gèle le pain et le vin.

Sur un point, tous les vignerons sont d'accord : la pluie d'avril est un bienfait du ciel.

Pluie d'avril
Remplit la cave et le baril.

L'eau d'avril
Remplit le baril ;
L'eau de mai,
Le cellier.
(Gascogne)

Quand il tonne en avril,
Le vigneron se réjouit,
Et le laboureur aussi.

Tonnerre en avril,
De beaux greniers, de pleins barils.

Quand en avril il tonne,
Apprêtez cercles et tonnes.

S'il tonne à la Saint-Simon d'avril, (20 avril)
Vendangeur, prépare ton baril.

La pluie le jour de Saint-Robert (28 avril)
De bon vin remplira ton verre.

A la Sainte-Irène, s'il fait beau, (5 avril)
Il y aura moins de vin que d'eau.

Quand au vent, la sagesse bretonne a élaboré une théorie très précise à son sujet :

Le Dimanche des Rameaux,
Le vent dans le bas (= sud),
Mets tes tonneaux en garats (= objets inutiles) ;
Quand le vent est soulaire (= sud-ouest),
Rinçons les verres ;
Le vent dans le haut (= nord),
Rinçons les tonneaux.

Mai est le mois décisif pour le raisin.

En mai,
Blé ou vin naît.
(Huy, Belgique)

Point de jours en mai que raisins ne se fassent.
(Mancey, Côte-d'Or)

Lorsque la vigne bourgeonne en mai, on s'attend à une cuvée abondante. Mais la qualité accompagne rarement la quantité.

Bourgeon de mai
Remplit le chais.
(Guyenne ; Belgique)

Vin de mai,
Piquette de chais.

Quand le raisin naît en mai,
Il faut s'attendre à du mauvais.
(Provence)

Bien sûr, la gelée de mai est la plus dangereuse. Les redoutables « saints de glace » pointent leur nez givré, ainsi que la non moins fameuse « lune rousse ».

Gelée hors de saison
Gâte la vigne et la maison.

Frais mai, épaisse tourte,
Mais peu de vin dans la coupe.

C'est-à-dire qu'un mois de mai froid donnera beaucoup de grains, donc beaucoup de farine, donc des tourtes épaisses, mais peu de raisin.

La période comprise entre la fin avril et la fin mai est si décisive qu'on a mis au compte des saints dont les fêtes la jalonnent les heurs et malheurs des vignerons.

Croisset, Saint Jean-Porte-Latine, (3 et 6 mai)
Saint Nicolas et Pierre Hermite (9 et 19 mai)
Sont marchands qui font le débit
Tous les ans, du pain et du vin.

Saint-Pancrace et Saint-Urbain (12 et 25 mai)
Sans pluie, beaucoup de vin.
(Belgique)

Georget, Marquet, Croiset et Urbinet (23 et 25 avril)
Cassent le robinet. (3 et 25 mai)

Saint Georges (23 avril), *Saint Marc* (25 avril) *sont réputés saints grêleurs ou saints vendangeurs.*

A la Saint-Honoré, s'il fait gelée, (16 mai)
Le vin diminue de moitié.

Le vigneron n'est rassuré
Qu'une fois la Saint-Urbain passée. (25 mai)

Gelée le soir de Saint-Urbain
Anéantit fruits, pain et vin.

La lune rousse et le roux vent
Cassent les bouteilles souvent.
(Ile-de-France, Picardie)

Pourtant, le mois peut être frais, pour autant qu'il offre ses rosées généreuses et son ciel souriant.

Froid mai et chaud juin
Donnent pain et vin.
(Champagne ; Belgique)

Rosée et fraîcheur en mai
Donnent vin à la vigne et foin au pré.

A la Saint-Urbain, s'il fait beau, (25 mai)
Préparez vos tonneaux.

Si de mai le vingt-cinq
Est sec, beaucoup de vin.
(Belgique)

La pluie, qui est pourtant une bonne garantie contre le gel, a mauvaise presse au mois de mai.

S'il pleut à la Saint-Philippe, (1er mai)
Il ne faut ni tonneau, ni pipe (= futaille).
(Belgique)

Saint-Philippe mouillée,
Ni tonneau ni pipée.

S'il pleut à la Sainte-Pétronille, (31 mai)
Les raisins deviennent grappilles
Ou tombent en guenilles.

Mais voici juin, qui laisse deviner les premières ébauches du raisin.

A la Saint-Jean, (24 juin)
Le raisin pend.

Saint-Jean,
Verjus pendant,
Argent comptant.
(Lorraine)

Entre la Saint-Jean et la Saint-Pierre, (29 juin)
La floraison des vignes n'est pas en arrière.

Quand le raisin a passé la fleur à la Saint-Tibaud,
Il n'y a ni bien ni mau. (30 juin)

Idéalement, il faudrait qu'il fasse chaud et sec en juin.

Prépare autant de tonneaux
Qu'en juin il y aura de jours beaux.

Pluie de juin
Détruit vin et grain

S'il tonne fin juin,
Il n'y aura pas de vin.

Saint Marcellin, (2 juin)
Bon pour l'eau, bon pour le vin.

S'il pleut pour la Saint-Médard, (8 juin)
La vendange diminue du quart.
(Bourgogne)

Saint-Antoine sec et beau (13 juin)
Remplit caves et tonneaux.
(Ain)

Lorsqu'il pleut le quinze juin,
Il n'y a pas de raisin.
(Bretagne)

S'il pleut le jour de Saint-Cyr, (16 juin)
Le vin diminue jusqu'à la tire.

« La pluie de Saint-Jean (24 juin) est néfaste à la vigne et aux céréales. » (Languedoc)

Eau de Saint Jean ôte le vin
Et ne donne pas de pain.

A la Saint-Jean, le beau temps est de rigueur. Mais le vent est encore meilleur :

Pour avoir une bonne vinée,
Il faut que Saint-Jean soit secouée.

S'il pleut la veille de Saint-Pierre, (29 juin)
La vinée est réduite d'un tiers.
(Guyenne)

« S'il pleut à Saints-Pierre-et-Paul, le raisin pourrira. » (Alsace)

Peu de dictons osent braver cette unanimité.

Pluie d'orage à la Saint-Silvère, (20 juin)
C'est beaucoup de vin dans le verre.

En juillet, bien souvent, le raisin est formé. Il change à vue d'œil — pour qui le regarde suffisamment longtemps.

En juillet,
Le raisin formé,
Le blé renfermé.

A la Sainte-Madeleine, (22 juillet)
L'amande est pleine,
Le raisin change,
La figue mûre,
Le blé dedans.

Pour la Sainte-Madeleine,
La noisette pleine,
Le raisin coloré,
Le blé fermé.
(Languedoc)

C'est là que la plante se montre la plus exigeante. De l'eau, certes, mais pas trop, et aussi du soleil. Est-ce trop demander ?

Juillet ensoleillé
Emplit caves et greniers.

Petite pluie au matin
En juillet est bonne au vin

Petite pluie de juillet
Vient remplir le barillet.

En juillet, grand tonnerre du ciel
Emplit cave et grenier.

A la Visitation, (2 juillet)
Si le temps a été bon,
Il peut pleuvoir un temps,
Il n'y aura que perte de temps,
Parce que si le foin pourrit,
Le raisin se nourrit.

Rosée du jour de Saint-Savin (12 juillet)
Est dit-on rosée de vin.

Saint Vincent de Paul mouillé (19 juillet)
Met du vin au cellier.

La Saint-Vincent trouble
Met du vin dans la gourde.

La Saint-Vincent la plus chère aux vignerons, celle de janvier, se devant d'être « claire », il faut bien que ce dicton concerne celle du 19 juillet.

Si le jour de Saint-Samson (28 juillet)
Le pinson est au buisson,
Tu peux, bon vigneron,
Défoncer ton poinçon.

Quel mauvais mois que celui d'août, où le raisin paraît si beau alors qu'il agace les dents du gourmand non averti ! Les oiseaux commencent d'ailleurs à s'y intéresser.

C'est vers la Saint-Hippolyte (13 août)
Que le raisin change au plus vite.

Août mûrit, septembre vendange,
En ces deux mois tout bien s'arrange.

Août
Donne goût.

ou

C'est le mois d'août
Qui donne bon goût.

Mois d'août n'a jamais passé
Sans que raisin noir soit vendangé (par les oiseaux).

Ce mois d'août doit être chaud et orageux. L'orage assure l'apport d'eau discret qui convient bien à la vigne, sans parler des autres avantages éventuels, comme la formation en atmosphère de molécules d'hydrates de carbone, que la pluie précipite ensuite vers la terre.

Chaleur d'août
Mûrit grappes et moût.

Température d'août
A nos vins donne goût.

Si l'on veut que le raisin vienne,
Faut du chaud à la Saint-Étienne. (2 août)

Chaleur de Saint-Étienne appareille la treille.
(Vivarais)

Beau temps à l'Assomption,
Votre vin sera bon.

Du soleil à l'Assomption,
Beaucoup de vin, et du bon.
(Alsace)

De l'Assomption la clarté
Fait du vin la qualité.

Quand il pleut à l'Assomption, (15 août)
Le vin ne sera pas si bon.

Est-ce bien sûr ? En effet, on dit aussi :

Tonnerre le quinze août,
Grosses grappes et bon moût.

A la Saint-Roch, grande chaleur, (16 août)
Prépare vin de couleur.

Les besoins de la vigne au mois d'août étant contradictoires, il n'est pas étonnant que les dictons le soient aussi.

Août pluvieux,
Cellier vineux.

S'il pleut en août,
Du raisin partout.

Quand il pleut en août,
Il pleut miel et bon moût.
ou
Le raisin est au bout.

Mois d'août pleureux
Rend le cep vineux.

Tonnerre au mois d'août,
Grosses grappes et bon moût.

Pluie et tonnerre d'août
Promettent huile et vin partout.

La fine pluie de Saint-Augustin, (28 août)
C'est comme s'il pleuvait du vin.

Septembre est dans bien des régions le mois des vendanges. Mais il vaut souvent mieux tempérer son impatience et attendre octobre, malgré les changements prometteurs du raisin.

Le colchique d'automne fleurit,
Le raisin mûrit.

En septembre, osier fleurit
Et vin mûrit.

En septembre,
Le raisin ou la figue pendent.

A la Nativité, (8 septembre)
Commence la maturité.

L'hiver donne le froid, printemps verdure,
L'été moisson, l'automne vin produit.
D'où peut venir ce bien qui toujours dure ?
Que du savoir de Dieu qui tout conduit.

A la Bonne-Dame de septembre, (8 septembre)
Le vin sera bon à prendre.
(Bourgogne)

Pour vendanger il faut attendre
Au moins la fin de septembre.

A la Saint-Matthieu, (21 septembre)
Cueille le raisin si tu veux.

Entre Saint-Michel et Saint-François, (29 septembre
Prends la vendange telle qu'elle est. et 4 octobre)

L'issue a beau être proche, le temps de septembre a son influence sur la future récolte.

Septembre humide,
Pas de tonneaux vides.

Pluie de septembre, aux vignes et aux semailles.

En septembre, s'il tonne,
La vengeance est bonne.

En septembre la bruine
Est toujours bonne à la vigne.

La rosée de Saint-Albin (15 septembre)
Est dit-on rosée de vin.

Si Saint-Matthieu pleure au lieu de rire, (21 septembre)
Le vin en vinaigre vire.

A la Saint-Matthieu,
Si le ciel est bleu,
C'est qu'il est beau,
Prépare tes cuveaux.

Gelée blanche de Saint-Eustache (20 septembre)
Grossit le raisin qui tache.

Si les légères gelées matinales ne font pas grossir les raisins, au moins ne leur font-elles pas de mal. Quant aux taches sur le raisin, elles nous rappellent qu'en Anjou (et ailleurs) on préfère attendre de voir apparaître la « pourriture noble » sur le raisin pour le récolter ; c'est pourquoi on y fait souvent la vendange en deux ou trois fois.

C'est donc le plus souvent en octobre que le vigneron aura lieu de se réjouir — ou de se lamenter. Le temps et la date de la vendange sont si déterminants qu'ils se spéculent des mois à l'avance.

Le troisième jour des Rogations,
En allant ou revenant de la Procession,
Si on est aim'cheu (= un peu mouillé)
Pour vendanger on sera trempé.
(Bourgogne)

Quand le temps est beau le troisième jour de Rogations,
C'est un beau temps pour la vendaison.

Tel sera le temps de l'Ascension,
Telles les vendanges seront.
(Alsace)

Si le lis a fleuri pour la Saint-Jean, (24 juin)
J'aurai vendangé pour la Saint-Céran. (27 septembre)
S'il a fleuri pour la Fête-Dieu,
J'aurai vendangé pour la Saint-Matthieu. (21 septembre)

La floraison du lis candide indique la tendance de l'été. Les vendanges auront lieu trois mois après.
(Bourbonnais)

De toute façon, octobre est le dernier mois possible pour les vendanges.

Quand octobre prend sa fin,
Dans la cuve est le raisin.

Entre Saint-Michel et Saint-François,
(29 septembre au 4 octobre)
Prends ta vendange quelle qu'elle soit ;
Mais à la Saint-Denis, (9 octobre)
Prends-la si elle y est émy (= encore).

Si Saint-Gall coupe le raisin, (16 octobre)
C'est mauvais signe pour le vin.

Pour la Saint-Gall le raisin
Fait du mauvais vin.

A la Saint-Luc, (18 octobre)
Il est grand temps de vendanger,
Car si le raisin n'est pas mûr,
Il ne peut pas faire de suc.

A la Saint-Urbain, (31 octobre)
Ce qui est à la vigne est au vilain.

Le dicton de la Saint-Urbain évoque une très ancienne mesure humanitaire. Si, à cette date, il restait encore du raisin dans les vignobles après les vendanges, les pauvres pouvaient se servir. On voyait alors passer les *alboteurs*, qui étaient à la vigne ce que sont les glaneurs au blé.

Pour ceux qui seraient troublés par cette abondance de conseils et ne sauraient quelle date choisir, il reste encore une solution :

Quand les grives sortent,
Apprêtez vos hottes.

Le temps d'octobre doit encore répondre à divers critères. Citons-en quelques-uns :

Octobre à moitié pluvieux
Rend le laboureur joyeux,
Mais le vendangeur soucieux
Met de côté tout son vin vieux.
(Huy, Belgique)

Tonnerre en octobre,
Vendanges peu sobres.

En octobre tonnerre,
Vendanges prospères.

En revanche

Gelée d'octobre
Rend le vigneron sobre.

Comment sera la récolte cette année ? Et la qualité du vin ? Ces questions angoissantes cherchent une réponse anticipée à tout prix. La bourse du vin subit d'importantes fluctuations au cours de l'année. Jugez-en plutôt :

Année de comète, année de bon vin.

Étoiles filantes en septembre,
Tonneaux trop petits en novembre.
(Auvergne)

« Si en septembre on voit les étoiles filantes, les cuves débordent de vendanges. »
Les croyances à propos des étoiles filantes ne sont peut-être pas aussi naïves qu'elles le semblent, car si l'on en voit beaucoup en septembre, c'est que le ciel est serein. Les journées sont donc souvent ensoleillées. Pour le reste...

Il reste, après la vendange, à procéder à cette opération ô combien délicate de la dégustation. La date la plus souvent citée est celle du 11 novembre, jour de la Saint-Martin. C'est le moment du *martinage* du vin. A ce moment, la fermentation du vin est terminée, le moût est devenu du vin. On peut ensuite boire le « bon vin » des années précédentes, si le dernier est suffisant pour abreuver le bon peuple pendant l'année entière.

Pour la Toussaint,
Goûte tes figues et ton vin blanc.

A la Saint-Mathurin, (9 novembre)
Tire ton vin,
Laisse l'eau pour le moulin.

A la Saint-Martin,
Jeune ou vieux, bois le vin.

A la Saint-Martin,
Tire ton vin,
Saint Martin
Le met en chemin.

A la Saint-Martin,
Le moût passe pour vin.

A la Saint-Martin,
Boit-on le bon vin ?

A la Saint-Martin,
Faut goûter le vin.
Notre-Dame après, (Immaculée Conception,
Pour boire il est prêt. 8 décembre)

Pour la Saint-Martin
Ane qui ne boit du vin.
Ane deux fois
Qui trop en boit.

Avant de transvaser le précieux liquide dans les tonneaux, un coup d'œil sur la lune n'est peut-être pas inutile.
« Le vin décuvé à la nouvelle lune ne se dépouille jamais aussi bien. » (Dauphiné)
Reste à boire le vin. Son goût et ses effets varieront tout au long de l'année.

Le vin soutiré en janvier
Est toujours clarifié.

Vin soutiré en février
Est toujours bien clarifié.

Le vin mis en mai
Vaut celui de février.

Vins de septembre
Font les femmes s'étendre.

Très accessoirement, la vigne permettait aussi de prévoir la tournure de l'hiver prochain, suivant ce principe :
« Si les feuilles des arbres et de la vigne ne tombent pas avant la Saint-Martin, l'hiver sera rigoureux ; si à la même époque il fait sec et froid, l'hiver sera doux. » (Berry)

Légumes

A l'époque où le pain constituait l'essentiel de l'alimentation humaine, le peuple accordait cent fois plus d'attention aux champs de céréales qu'aux jardins potagers. Il en découle que les dictons évoquant la culture des légumes sont assez rares. En outre, le temps favorable aux légumes ne l'était pas au blé.

Mai jardinier
Ne comble pas le grenier.

En fait, le jardin était le plus souvent l'affaire des femmes, comme le montrent divers dictons comme celui-ci :

Soleil d'août trempe la ménagère au potager.

Les mois de printemps voyaient redoubler d'ardeur jardiniers et jardinières, que l'inactivité de l'hiver avait rendus impatients.

Il n'y a pas de jardinier qui ne recalle (dont les mains ne se couvrent de cals).
(Picardie)

Le Vendredi-Saint, ensemence ton cotillage :
Tu auras de beaux légumes.
(Belgique)

L'été payait les vaillants bêcheurs de leurs efforts printaniers.

Si l'aube est claire
Au jour Sainte-Claire (12 août)
Les légumes seront beaux.

L'aspect des légumes permettait parfois de prédire le temps, comme le montrent les cas de la laitue (voir p. 297), de la fève (voir p. 286), etc. On affirmait en divers endroits de Belgique qu'il pleuvrait si les feuilles des légumes se penchaient, pendaient ou se fanaient. Le phénomène peut s'expliquer par une réaction à l'état hygrométrique de l'air.

Ail

La quasi-totalité des dictons concernent les dates de semis, plantage, liage et récolte de l'ail. L'un d'entre eux résume même ces opérations comme suit :

A Saint-Pierre plante tes aulx,
A Saint-Pierre lie tes aulx,
A Saint-Pierre arrache tes aulx.

Il s'agit de trois fêtes différentes, fixées dans l'ancien calendrier liturgique respectivement aux 23 février, 29 juin et 1er août. Ces travaux s'effectuent parfois à d'autres moments selon les régions et les conditions climatiques. Les Picards suivent généralement ce programme, car ils se lamentent en ces termes :

A Saint-Martial, (1er juillet)
Point de charcuterie à l'ail.

Par contre, les méridionaux, plus chanceux, décrètent :

A la Saint-Thibaut, (30 juin ou 1er juillet)
Sème tes raves, arrache tes aulx.

D'autres préfèrent semer ou planter l'ail avant l'hiver, pour pouvoir acquiescer au dicton suivant :

Pour avoir une bonne aillée,
Faut que la Toussaint la trouve levée.

Ce travail devait s'effectuer à la bonne phase lunaire :

« Planter de l'ail au commencement de la lune, c'est vouloir obtenir autant de gousses dans une tête qu'il y a de jours depuis la pleine lune. »

L'ail permettait de prédire la tournure de l'hiver selon le même principe que l'oignon. Les Provençaux disaient :

« Quand les gousses d'ail sont dures à peler et que les oignons ont sept pelures, signes de mauvais hiver. »

Un dicton permet de se remémorer ce pronostic :

Ail mince de peau,
Hiver court et beau.

Il est toutefois douteux que cette prédiction repose sur un fondement sérieux. La croissance de l'ail s'effectue en fonction des conditions immédiates et non en prévision d'une saison future.

Artichaut

La culture de l'artichaut est répandue en Bretagne et dans les régions méridionales. Le dicton suivant en expose la raison principale :

Pour que monte l'artichaut,
Il faut de la pluie et du temps chaud.

Avant l'époque de la mise en boîtes, on conservait l'artichaut en le recouvrant de terre avant l'hiver. Deux dictons commémorent cette méthode :

A la Saint-Léon, (11 novembre)
Mets tes artichauts en monts.
(Picardie)

A Saint-Théodule, s'il fait bon, (date imprécise)
Tes artichauts découvre avec soin.
(Picardie)

Dans le Midi, l'artichaut était parfois utilisé comme baromètre. En fait, il s'agissait d'une sorte d'hygromètre : on le clouait sur une porte ; s'il s'ouvrait, c'était signe de beau temps ; sinon, de pluie.

Carotte

Un seul dicton mentionne la carotte. Il trahit d'ailleurs son origine méridionale :

Février bon mois
Pour semer carottes et pois.

Céleri

Un dicton belge indique la date extrême où l'on peut repiquer le céleri :

Quand reviendra la Saint-Henri, (15 juillet)
Tu planteras ton céleri.

Chou

Dans certaines régions, le chou constitue un des mets préférés. L'Alsace en constitue l'exemple parfait. De fait, de nombreux dictons évoquant la culture du chou proviennent du nord-est de la France.

Il convient de semer le chou très tôt en couches, pour pouvoir le repiquer à des époques variant suivant les endroits. Certains envisagent de les planter déjà en mai, d'autres attendent la fin juin.

A Saint-Ludovic, (30 avril)
Tes choux repique.
(Picardie)

Plante tes choux le premier juin,
Ils viendront bien.

Le soir de Saint-Moraud, (3 juin)
On plante choux et haricots.

S'il pleut le jour de Saint-Médard, (8 juin)
Planteurs de choux, mangeurs de lard.

A la Saint-Modeste, (15 juin)
Repique tes choux, s'il t'en reste.

Entre Saint-Pierre et Saint Paul, (29 juin)
Plante le poireau et le caul (= le chou).

Les planteurs précoces peuvent parfois récolter au début du mois d'août, mais l'époque traditionnelle de la récolte se situe en octobre, après quoi on les conservait de diverses façons, en les suspendant en cave, par exemple.

Il faut cueillir les choux
L'un des trois premiers d'août.

Coupe ton chou à la Saint-Gall, (16 octobre)
En hiver, c'est un vrai régal.
(Alsace)

A la Saint-Renobert, (date imprécise)
On met les choux par terre.

C'est en hiver que les choux sont le plus savoureux. En été, ils sont devenus tellement indigestes qu'ils ne figurent plus à aucun menu.

Chaque chose en son temps :
Les navets et les choux dans le mois de l'Avent.

Feu de Noël,
Le porc dans le sel,
La truie aux choux,
Chassez-la s'il plaît à vous.
L'hiver n'est bon que pour les choux
Et pour faire gagner la toux.

En juin et en août,
Ni huîtres ni choux.
ou
Ni femmes, ni choux.

« Si vous voulez raccourcir la vie de votre mari, donnez-lui en mai et juin des choux à manger. » (Pays Basque)
Le temps a peu d'incidence sur la culture du chou. Une seule mise en garde, pour les régions où le chou se trouve encore en terre le 11 novembre :

Pluie de Saint-Martin
Ne laisse ni chou ni lin.

Quelques-uns se souviennent de cette ancienne superstition :

Quand mars a cinq mardis,
Il ne laisse ni choux ni trognons.
(Belgique)

Coupant court aux spéculations à propos des phases lunaires favorables ou non à cette culture, il en est qui tranchent le problème par ces mots :

Plante tes choux sous la constellation du fumier,
Et cuis-les sous celle du lard.

Fève

La fève peut se planter au printemps ou avant l'hiver, suivant les régions. Les dates privilégiées sont les suivantes :

A la Saint-Georges, (23 avril)
Il faut semer fèves et orge.

Plantez vos fèves à la Saint-Eutrope, (30 avril)
Vous aurez plus de fèves que de mottes.

Après la Saint-Servais, (13 mai)
Les fèves ne peuvent mais.

« Quand on plante des févettes à Saint-Honoré (16 mai), on en a plein le giron. » (Picardie)

Pour Sainte-Cécile, (22 novembre)
Chaque fève en fait mille.
(Languedoc)

Bien que la fête des Rogations tombe le plus souvent en mai, une superstition interdisait d'y planter les fèves :

Si vous semez fèves aux Rogations,
Soyez certains qu'elles rouilleront.
(Lyonnais, Auvergne ; Belgique)

Fèves semées en Rogations
Rouilleront.

Les fèves fleurissaient donc souvent en mai.

Fraîcheur de mai,
Fèves fleuries,
Temps de folies,
Du pain dans la maie.

Le temps humide en mai était accueilli de manière fort diverse par l'amateur de fèves :

Mai humide, beaucoup de paille et peu de grain.
Aujourd'hui des fèves, et demain : faim.

Quand il pleut à la Saint-Servais, (13 mai)
Pour les fèves, signe mauvais.

En fait, il fallait un peu de pluie après les semis, mais du soleil dès que pointaient les fleurs.

Signalons une dernière prévision, de caractère superstitieux : si la Noël arrivait en nouvelle lune, on disait :

Messe de minuit obscure,
Récolte de fèves sûre.

Enfin, dans certaines régions de Belgique, on prévoyait la pluie si la tige de la fève se redressait.

Haricot

Les dictons qui concernent le haricot sont relativement nombreux. La plupart indiquent les dates auxquelles il convenait de le planter. Ces dates varient énormément : du 23 avril au 29 juin, suivant les régions.
« Les haricots de la Saint-Georges et de la Saint-Marc (23 et 25 avril) seront superbes. »

Sème tes haricots à la Saint-Eutrope (30 avril)
Pour en avoir à trochte (= à foison).

Sème haricots à la Sainte-Croix, (3 mai)
Tu n'en auras guère que pour toi.
Sème-les à la Saint-Gengoult, (11 mai)
Un t'en donnera beaucoup.
Sème-les à la Saint-Didier, (23 mai)
Pour un tu en auras un millier.

Sème tes haricots à la Sainte-Croix,
Tu en récolteras plus que pour toi.

Planté à la Saint-Didier,
Tout haricot vaut un demi-setier.

Qui sème les haricots à la Saint-Didier
Les arrachera à poignées.
(Vosges)

Haricots de Rogations
Donnent à foison.
(Lyonnais)

Le soir de Saint-Moraud, (3 juin)
On plante choux et haricots.
(Alsace)

Haricots semés à la Saint-Claude (6 juin)
Rattraperont les autres.

Haricots semés à la Saint-Médard (8 juin)
Ne font que des fleurs.
(Lorraine)

De Saint-Jean à Saint-Pierre (24 au 29 juin),
La semaine des haricots.

« Les haricots doivent être semés après la pleine lune. »
(Bourgogne)

En fait, les semis de haricots peuvent s'étaler jusqu'en juin dans bien des contrées. La prescription en matière de lunaison ne semble pas celle que recommande habituellement la tradition. En effet, presque tous les paysans vous diront de semer le haricot avant la pleine lune, selon ce principe :

Plantes qui grainent se sèment en croissant,
Plantes qui racinent se sèment en défaillant.

Il convient ensuite de ramer les espèces grimpantes. La récolte a lieu jusqu'aux premières gelées.

A Saint-Pierre-Saint-Paul, (29 juin)
Rame tes derniers haricots. (Picardie)

A Saint-Abraham, (27 octobre)
Sous le hangar les bâtons à rames.

Navet

Le navet est un légume d'hiver. On dit d'ailleurs parfois :

Chaque chose en son temps :
Les navets et les choux dans le mois de l'Avent.

Les semis se font rarement avant la mi-juin.

A la Saint-Barnabé, (11 juin)
On sème le navet.

A Saint-Gervais, (19 juin)
Pense à tes navets.

Pour avoir beau navet,
Juillet doit le trouver fait.

Qui veut bon navet
Le sème en juillet.

A la Saint-Thuriau, (13 juillet)
Sème tes naveaux. (Bretagne)

« A la Sainte-Anne (26 juillet), faut faire les *naviaux*, ils viennent gros comme on les demande. » (Bretagne)
Il conviendra ensuite de sarcler régulièrement le jardin.

Quand tu vois la fauvette,
Sarcle ta navette.

Il s'agit ou bien du retour de la fauvette à tête noire, qui a lieu en mars, ou bien d'une sorte de nœud au mouchoir du jardinier.

Oignon

Ses multiples vertus ont fait adopter l'oignon dans le monde entier depuis de nombreux siècles. Les dictons ne l'ont pas oublié non plus. Dans bien des régions, il peut se planter dès les premiers jours de février. Il y reçoit donc souvent de la neige sur le dos. La Sainte-Agathe, le 5 février, est la date le plus souvent choisie.

A la Sainte-Agathe,
Plante tes oignons même dans la glace.

Sainte-Agathe passe :
Sème ton oignon
Sans réflexion
Même dans la glace.

Sème tes oignons à la Sainte-Agathe,
Ils deviendront comme le cul d'une gatte (= chèvre).

Quand on plante les oignons à la Sainte-Agathe
On en a comme des gattes.

(Picardie)

Les oignons deviennent gros
S'il neige sur leur dos.

Pour être plantés cette année, les oignons doivent avoir été semés l'année passée au printemps. La date du semis importe peu, malgré ces deux préceptes :

Veux-tu oignons, seigle, petits pois?
Sème-les vers la Saint-Benoît. (21 mars)

Le propre jour des Rameaux
Sème oignons et poireaux.

Comme la récolte a lieu normalement en août, il arrive parfois que des pénuries se fassent sentir dès après Pâques :

Après Pâques et Rogations,
Fi de prêtres et d'oignons.
ou
Fi de poissons et d'oignons.

L'oignon est aussi l'un des légumes les plus écoutés en matière de prédictions météorologiques. Qui ne connaît l'idée exprimée par ces dictons?

Oignon bien habillé
Verra fortes gelées.

Quand les oignons ont trois pelures,
Grande froidure.

Il semble cependant que la plante ne puisse pas réagir à des circonstances qu'elle n'a pas encore vécues. Ses pelures sont donc fonction du temps qu'il a fait au moment de leur production, plutôt que du temps de l'hiver suivant.

Oseille

La variété cultivée trouve sa place dans la tradition orale. Elle se conservait en cruche, comme en témoigne ce dicton picard :

A Sainte-Émilienne, (30 juin)
Oseille en quenne (= cruche).

En Belgique, l'observation de l'oseille permettait une prévision du temps un peu hasardeuse, assez semblable aux remarques faites à propos de nombreux autres légumes : « Il fera beau, disait-on, si les feuilles s'entrouvrent, mais il pleuvra si elles se ferment. »

Persil

Sème ton persil le Vendredi-Saint.

Il était de coutume de semer le persil le jour de cette fête mobile. Disposition peu sage, car s'il est déjà risqué de miser sur un jour fixe du calendrier pour une opération de jardinage, le temps d'un jour voyageur peut se jouer de votre crédulité.

Poireau

Comme tous les légumes d'hiver, le poireau s'est réservé une place de choix dans la tradition orale. Il se mange depuis le début de l'automne jusqu'au début du printemps. C'est pourquoi l'on disait dans le Vivarais :

Poireau, figue et sermon
A Pâques ne sont plus de saison.

Dans certaines régions, on peut semer le poireau à partir du cinq février. Ailleurs, il faudra attendre la mi-mars :

Si tu sèmes tes poireaux à la Sainte-Agathe, (5 février)
Pour un brin tu en auras quatre.

Pour la Sainte-Agathe,
Fais ta pouratte.

Pour la Sainte-Agathe,
Sème tes poireaux,
Tire de l'eau du pré,
Car l'hiver est passé.
(Ariège)

Le propre jour des Rameaux,
Sème oignons et poireaux.

Il faudra attendre que les jeunes poireaux soient suffisamment robustes pour les repiquer.

Entre Saint-Pierre et Saint-Paul, (29 juin)
Plante le poireau et le caul (= le chou).

Pois

Les pois se conservent aisément après quelques précautions. Il en est donc souvent question dans les dictons. Les semis se ront à des dates très diverses suivant les régions : ils s'étalent de février à mai.

Février bon mois
Pour semer carottes et pois.

Veux-tu oignons, seigle, petits pois?
Sème-les vers la Saint-Benoît. (21 mars)
(Alsace)

Saint-Clet (26 avril)
Ferme la porte aux derniers pouès.
(Picardie)

A la Sainte-Croix, (13 mai)
On sème les pois.

Plante un pois à la Saint-Didier, (23 mai)
Tu en récolteras un setier.
S'il fait soleil, fais un vœu,
Il s'accomplira sous peu.

Deux dictons ont de quoi surprendre les jardiniers :

Sème tes pois à la Saint-Maurice,
Tu en auras à ton caprice.
(Beauce)

A la Sainte-Cécile, si on sème des pas (= pois)
Ils viennent comme des mâts.
(Bretagne)

S'il faut en croire le calendrier « officiel », la Saint-Maurice se fête le 22 septembre et la Sainte-Cécile le 22 novembre. Or les pois n'ont guère coutume de « passer l'hiver ». Ou bien donc il y a confusion à propos de la plante semée, ou bien allusion à des datations locales des deux fêtes.

Les semis faisaient l'objet d'un débat passionné. A quels jours de la semaine fallait-il les effectuer ? A quel moment de la lune ? Chacun y allait de sa recette infaillible.

Plante tes pois aux jours sans R,
Il n'y aura pas de vers.

Sème, pour la rendre féconde,
En pleine lune plante ronde.
(Guyenne)

Plantes qui grainent se sèment en croissant,
Plantes qui racinent se sèment en défaillant.

Les pois, après leur floraison, demandent un temps très humide. On dit d'ailleurs encore d'un temps pluvieux que c'est une « saison de pois ». Il n'est pas étonnant que l'on conclue dans les régions vinicoles :

Beaucoup de pois, peu de vin.

En Belgique, le jardinier attendait la venue de la pluie s'il voyait les pois redresser leurs tiges.

Pois chiche

Cette plante est cultivée tout autour de la Méditerranée. Deux dictons en proviennent, qui en font le légume de Saint Jean (comme l'ail est celui de Saint Pierre (voir p. 283).

Pour la Saint-Jean (24 juin), *les pois chiches mûrissent.*

Pour Saint-Jean,
Les pois chiches deviennent blancs.
(Languedoc)

Pomme de terre

Etant donné la place qu'a prise la pomme de terre dans l'alimentation occidentale, il pourrait sembler étonnant qu'elle soit presque absente de la tradition orale. Rappelons cependant que la majorité des dictons sont antérieurs au XVIIe siècle, alors que la culture intensive de la pomme de terre est encore relativement récente. Retenons trois dictons.

Si la Saint-Antoine (17 janvier) *a la barbe blanche* (= s'il neige), *il y aura beaucoup de pommes de terre.*

Un hiver neigeux évite un lessivage trop important du sol, et surtout de son azote, si utile à la pomme de terre. Cet autre dicton provient de Bourgogne :
« Il faut planter les pommes de terre et le blé, et tailler la vigne au déclin de la lune. »

Un troisième dicton évoque la date extrême de plantation.

A Sainte-Emilie, en basse terre, (2 juin)
Tu peux encore planter des pommes de terre.
(Picardie)

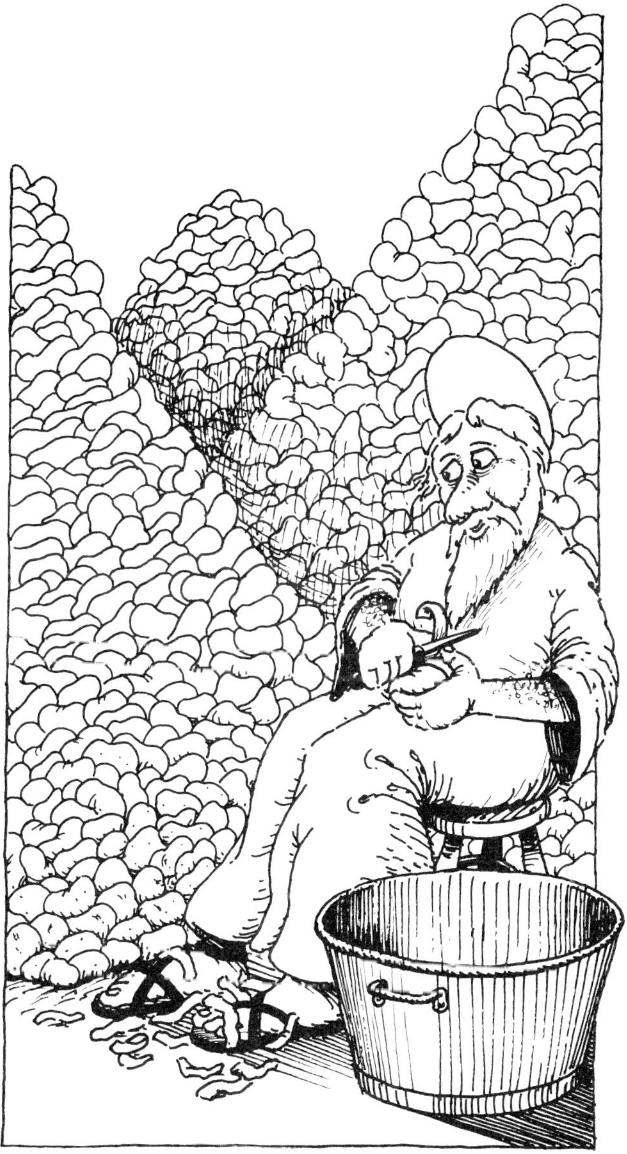

Radis

Les radis sont l'un des légumes les plus opiniâtres. Ils semblent capables de pousser sur tous les sols et à toutes saisons. On dit même qu'ils viennent sans qu'on les sème. Malgré cela, ne les attendez pas avant la fin février.

A Saint-Gérard, (23 février)
Les radis sont encore rares.
(Picardie)

Les anciens voyaient dans la Saint-Barnabé un jour tout indiqué pour semer les radis.

A la Saint-Barnabé, sème tes radis. (11 juin)

Rave

Ce mot désigne plusieurs plantes potagères cultivées pour leurs racines comestibles. Le contexte des dictons suggère plutôt le navet en la circonstance. Il faut attendre le mois de juin pour semer les raves en question.

A la Saint-Barnabé, (11 juin)
Sème tes raves, tu en auras assez.

Mieux vaudrait perdre sa femme que de ne pas semer de raves le jour de Saint-Jean-Baptiste. (24 juin)

A la Saint-Thibaut, (30 juin)
Sème tes raves, arrache tes aulx.

Au mois d'août sème tes raves. Passé la Saint-Laurent (10 août), *elles seront si clairsemées que tu pourras voir à travers.*
(Languedoc)

L'impatient qui se déciderait le 23 avril verrait monter les raves en graines.

Saint-Georges
Met l'épi à l'orge,
La fleur au lin,
La graine aux raves.

Une année favorable aux raves sera chaude, ce qui ne peut nuire à la santé.

Année de raves, année de santé.

Salade

Ce légume rafraîchissant se sème dès le retour du beau temps et se récolte jusqu'aux premières gelées. Deux dictons perdent néanmoins leur temps à proposer des dates pour ces opérations :

A la Saint-Antoine, (13 juin)
Sème ta salade.

Au mois d'août,
Il fait bon cueillir salade et ciboule.

Chicorée

La chicorée présente plusieurs variétés : endive, scarole, witloof, etc. Il est donc difficile de déterminer le légume concerné par le dicton suivant.

A la Saint-Urbain, sème ta chicorée, (25 mai)
Elle ne montera pas dans l'année.

Laitue

La laitue se sème presque en tout temps, pour autant qu'elle ne soit pas surprise par les premières gelées. Les Picards disaient donc :

A Saint-Apollinaire, (23 juillet)
Dernières semailles de laitue en pleine terre.
(Picardie)

La laitue fournit aussi quelques bulletins météo du fait de sa sensibilité à l'humidité de l'air. Mais il faut pour cela la laisser monter en graine et observer principalement les capitules fleuris. S'ils s'épanouissent, ils annoncent, selon certaines traditions, la tempête ou le mauvais temps. Les feuilles, en revanche, donnent des indications controversées : si elles s'écartent, c'est signe de beau temps pour les uns, de pluie pour les autres. A vous de vous faire votre opinion.

Les “ plantes-baromètres ”

On aura remarqué que la démarche des dictons concernant les plantes est en gros l’inverse de celle des dictons relatifs aux animaux : on observe le temps pour savoir ce qu’il adviendra des plantes ; on observe les animaux pour savoir ce que sera le temps. Quelques plantes, il est vrai, incitent à des pronostics météorologiques, et le cas de l’oignon est exemplaire en ce sens. Voir aussi à **ajonc, algue, artichaut, chardon, drave, épicéa, folle avoine, genêt, héliotrope, laitue, lis, liseron, luzerne, mouron, oseille, primevère.** Mais il reste à parler de certaines espèces auxquelles la tradition, sans donner naissance à des dictons rimés, a reconnu le pouvoir d’annoncer les changements de temps, à tel point qu’on aimait en posséder chez soi un exemplaire, que l’on consultait comme un baromètre.

Ces plantes, qui ne sont pas toujours communes et dont les noms ont parfois des sonorités insolites, sont effectivement sensibles aux variations des conditions atmosphériques, et notamment à celles de l’humidité de l’air. Cependant, l’appellation de « plantes-baromètres » est un peu abusive, et la prudence s’impose quant aux conclusions suggérées par les traditions : elles devront être confirmées par plusieurs autres signes empruntés au domaine animal ou à l’environnement physique pour être prises au sérieux.

Plusieurs fleurs ont la propriété de s’épanouir à la lumière et se refermer à l’obscurité. Un temps couvert et sombre, annonciateur de pluie, provoque cette fermeture aussi bien que le crépuscule. Au lieu d’observer directement l’état du ciel, certains se fient davantage aux réactions de la fleur. A cette catégorie de fleurs appartiennent l’**anémone japonaise,** le **bec-de-grue**, la **belle-de-jour**, la **carline**, l’**hélianthe tubéreux** (peut-être plus connu sous le nom de **topinambour**), l’**hémérocalle,** l’**oxalide** ou « **petite oseille** », la **pimprenelle** (on dit toutefois, dans la région de Liège, que l’orage menace lorsque s’épanouissent les fleurs terminales de la pimprenelle), le **souci** et la **tulipe.**

D'autres fleurs réagissent d'une façon exactement inverse : l'obscurité les fait s'ouvrir, et leur ouverture est donc censée annoncer la pluie : on connaît surtout la **belle-de-nuit** et la **quintefeuille.**

Assez rares, finalement, sont les plantes dont la fleur réagit à l'humidité et non à la lumière. L'augmentation du degré hygrométrique de l'air fait s'épanouir la **rose de Jéricho,** ainsi que le **laiteron de Sibérie** ou « **lait d'âne** » : on voit là des signes de pluie. Mais la rose de Jéricho n'est guère commune dans nos régions. Quant à la réaction du laiteron, elle ne peut être observée que la nuit.

La réaction du **népenthès** est différente : sa fleur se tourne vers le bas lorsque le temps devient humide. Enfin, la **nigelle des champs** paraît sensible aux variations de température. Sa tête fleurie se penche par temps chaud, se dresse par temps frais. Il est tentant de prendre pour annonce du temps futur ce qui n'est que réaction au temps présent.

Certaines plantes réagissent par leurs feuilles, toujours selon le même principe : les feuilles se contractent et se referment par temps de pluie. Il en va ainsi pour le **pissenlit**, le **porliéra,** le **trèfle.** Chez certains arbres comme l'**alisier** ou le **tilleul,** cette contraction a pour effet de faire apparaître l'envers de la feuille : on dira donc que la pluie menace lorsque ces arbres « retournent leurs feuilles ».

Parfois l'humidité ambiante est absorbée par les cellules de la plante, qui augmente en volume, et donc en rigidité, comme un ballon que l'on gonfle. Les paysans ont bien observé cette réaction, et prédisent volontiers la pluie lorsqu'ils voient se redresser les tiges de certaines plantes comme le **baguenaudier,** le **cytise,** la **fève,** la **gesse,** le **haricot,** la **lentille,** le **lotier** (ou « **trèfle cornu** »), le **trèfle,** la **vesce.**

Aux observateurs plus attentifs, on conseille de s'intéresser au **fanaire,** dit précisément **fanaire hygrométrique.** Il s'agit d'une mousse dont la capsule terminale est surmontée par un long pédicelle. Ce dernier se tord lorsque l'humidité est faible, et se déroule rapidement dès que l'humidité augmente, annonçant souvent la pluie.

On peut également recueillir une graine d'**érodium** et la coller par sa base sur un carton : on verra parfois son bec long et mince s'enrouler en spirale, indice de sécheresse ; au contraire, ce bec se déroulera lorsque le temps deviendra plus humide.

Mais nous touchons là à la rubrique des plantes détournées de leurs fonctions naturelles. Tel est le cas des fleurs séchées, qui sont parfois de fort bons hygromètres, selon un principe simple : ouverture de la fleur par temps sec, contraction par temps humide. Ainsi se comportent la familière **immortelle,** mais d'autres fleurs aussi, comme la **gomphrène globuleuse** ou la **perlière rameuse.**

Enfin on a prêté à certaines plantes l'extraordinaire pouvoir de prédire les tremblements de terre. A l'affût de tous les moyens possibles pour prévoir ces redoutables phénomènes, les hommes ont cru pouvoir se fier aux réactions de certaines plantes sensibles aux vibrations, ou imaginées telles. C'étaient, par exemple, l'**abrus precatorius,** la **dionée gobe-mouches,** la **grassette,** l'**orchidée,** la **sarracénie.** Les réactions inquiétantes n'étaient pas toujours nettement définies, et pour cause. On parlait parfois de contraction des feuilles mais, le plus souvent, d'aspect insolite, sans plus de précision...

Index des animaux cités

Index des plantes citées

Table des matières

Imprimé en France par I.M.E. - 25110 Baume-les-Dames
Dépôt légal : Janvier 1999
N° Editeur : 0619-11 - N° Imprimeur : 12968